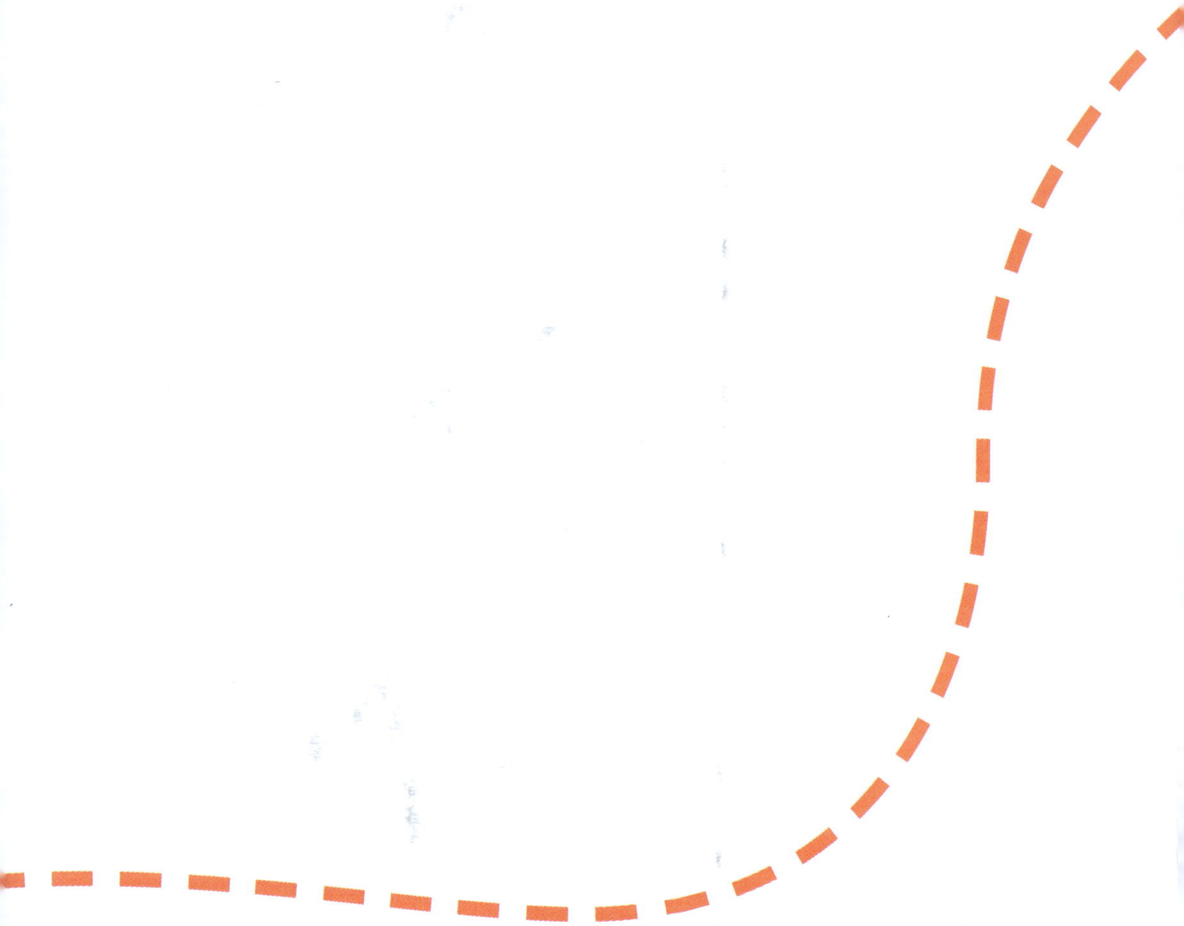

LA FRONTIÈRE BRETONNE

Une enquête inédite sur la réunification de la Bretagne

De Benjamin Keltz et Philippe Créhange,
dessinée par Eudes

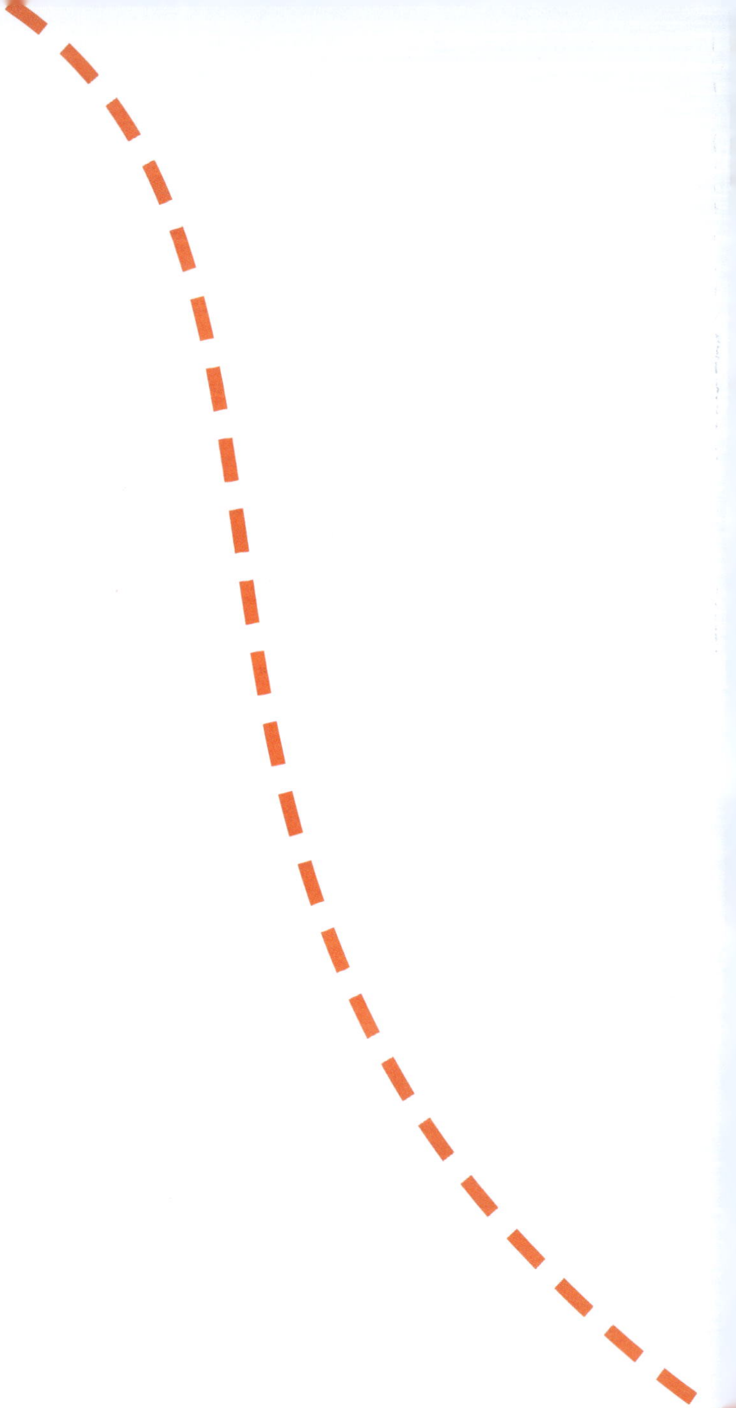

LA FRONTIÈRE BRETONNE

AVANT-PROPOS

AVRIL 2020
PHILIPPE ? TU ME REÇOIS ?
LA CONNEXION EST MAUVAISE, EST-CE QUE TU M'ENTENDS ?
ALLÔ, ALLÔ ?!
LANGROLAY-SUR-RANCE
NANTES
OUI BENJAMIN BZZZZ JE T'ENTENDS BZZZZ MAIS ÇA BZZZZ COUPE BZZZZ ALLÔ ? BZZZZ
DOMICILE DE BENJAMIN
AH ! ÇA Y EST !!! JE TE CAPTE !!!
… AH NON …
RAAAH !!! C'EST PAS VRAI ! FOUTUE CONNEXION !!!
7
FAMILLE KELTZ

... QUEL ENFER CES VISIOCONFÉRENCES ! TÉLÉTRAVAILLER, JE VEUX BIEN, MAIS DANS DE TELLES CONDITIONS ...
MAUDIT CONFINEMENT !
SATANÉ COVID !!!
ET LÀ, TU M'ENTENDS ?!
?
AH TIENS VOUS ÊTES LÀ ?! JE NE VOUS ATTENDAIS PAS SI TÔT MAIS VENEZ, VENEZ !
J'AI PLEIN DE CHOSES À VOUS DIRE !
ENFIN, SI CETTE FOUTUE CONNEXION VEUT BIEN FONCTIONNER !!!

PHILIPPE? ALLÔ, ALLÔ?
OUI BENJAMIN! JE T'ENTENDS, NE BOUGE PLUS! C'EST PARFAIT!
AAAH! COOL!
ALORS LUI, C'EST **PHILIPPE CRÉHANGE**.
JOURNALISTE AU TÉLÉGRAMME.
JE TE VOIS, MÊME!
ENSEMBLE, NOUS AVONS PUBLIÉ UNE ENQUÊTE SUR **LE CLUB DES TRENTE** QUE L'ON PRÉSENTE SOUVENT COMME LE PLUS INFLUENT DES LOBBYS BRETONS.
D'AILLEURS C'ÉTAIT LE TITRE.
BENJAMIN? T'ES TOUJOURS LÀ?
JE L'AI ÉDITÉE AVEC LA MAISON D'ÉDITION QUE JE DIRIGE PARALLÈLEMENT À MON TRAVAIL DE JOURNALISTE...
J'OFFICIE EN BRETAGNE...
...OÙ J'ASSURE LA CORRESPONDANCE POUR LE JOURNAL LE MONDE.
BENJAMIN? À QUI TU PARLES, LÀ?
TU ME REÇOIS?
AH OUI! JE NE LUI AVAIS PAS DIT QUE VOUS SERIEZ PRÉSENTS À NOTRE RÉUNION DE TRAVAIL! NOUS ÉTIONS CENSÉS DISCUTER DE NOTRE PROCHAIN OUVRAGE...
...ENTRE NOUS!
OUI, OUI! LA CONNEXION EST MAUVAISE À LANGROLAY-SUR-RANCE MAIS JE SUIS LÀAA**AAAAAAAAAAH!!!**
?!

GUILIGUILI GUILIIII!!!
NON NAËL ! ARRÊTE ! JE SUIS EN PLEINE VISIO !
HIHIHI !
QU'EST-CE QU'ON AVAIT DIT, NAËL ?! ON LAISSE PAPA TRANQUILLE QUAND IL TÉLÉTRAVAILLE !!!
ON JOUERA ENSEMBLE PLUS TARD !..
MAIS TU TRAVAILLES TOUT LE TEEEMPS !..
DÉSOLÉ, PHILIPPE, ON VA Y ARRIVER...
HMM...
EUDES EST LÀ ?
NON, IL N'EST PAS CONNECTÉ...
RENNES CHEZ EUDES
"ENTER LOGIN" "ENTER LOGIN" PFFFOUUUU... ÇA VEUT DIRE QUOI, ÇA ?...
BON... LE CONNAISSANT, SOIT IL EST ENCORE AU LIT, SOIT IL A DES SOUCIS INFORMATIQUES,
C'EST PAS GRAVE, ON VA COMMENCER SANS LUI...

JE DISAIS DONC : TON IDÉE ME PLAÎT BEAUCOUP ! ON TIENT QUELQUE CHOSE ! **LA RÉUNIFICATION DE LA BRETAGNE** EST EFFECTIVEMENT UN BON SUJET D'ENQUÊTE.
CELA FAIT DES DÉCENNIES QUE LA RÉGION EST TIRAILLÉE PAR LE DÉBAT SUR LA BRETAGNE À QUATRE OU CINQ DÉPARTEMENTS...
... DES DÉCENNIES QUE L'ON ASSISTE À DES MANIFESTATIONS CITOYENNES POUR LE RETOUR DE LA LOIRE ATLANTIQUE EN BRETAGNE...
... DES DÉCENNIES QUE L'ON ENTEND DES POLITIQUES DE TOUS BORDS PROMETTRE D'EMBRASSER LE SUJET SANS JAMAIS Y PARVENIR.
DEPUIS QUE LE GOUVERNEMENT DE PÉTAIN A AMPUTÉ LA BRETAGNE DE LA LOIRE-ATLANTIQUE,
LA DÉLIMITATION FAIT DÉBAT !
NI LES POLITIQUES, NI LES HISTORIENS, NI LES LOBBYS, NI LE MONDE ÉCONOMIQUE NE PARVIENNENT À S'ENTENDRE.

CE DÉBAT DÉPASSE LA SIMPLE QUESTION DU POSITIONNEMENT DE LA FRONTIÈRE DE LA RÉGION.
PARLER **RÉUNIFICATION DE LA BRETAGNE**, C'EST PARLER **D'IDENTITÉ**.
QU'EST-CE QU'ÊTRE BRETON ?
OÙ EST-ON BRETON ?
COMMENT EST-ON BRETON ?
C'EST UN SUJET **POLITIQUE** ET **ÉCONOMIQUE** AUSSI.
HISTORIQUE SURTOUT !
MAIS AUSSI D'ÉQUILIBRE DES TERRITOIRES, DE RÉSEAUX, DE CULTURE, DE PROSPECTIVE...
IL Y A TELLEMENT À DIRE SUR LA RÉUNIFICATION DE LA BRETAGNE !
ON VA LA FAIRE, CETTE ENQUÊTE !
NOUS ALLONS RASSEMBLER TOUTES LES PIÈCES DU PUZZLE POUR QUE LES GENS COMPRENNENT LE DÉBAT AFIN QU'ILS SE FORGENT LEUR INTIME CONVICTION.

LE DOSSIER DE LA RÉUNIFICATION DE LA BRETAGNE PREND UN VIRAGE INÉDIT AVEC L'AVÈNEMENT D'UNE NOUVELLE GÉNÉRATION DE MILITANTS. ILS SE SONT LANCÉS DANS LA BATAILLE DE LA DERNIÈRE CHANCE POUR LA BRETAGNE À CINQ!
ON DOIT RACONTER TOUT CELA À NOS LECTEURS!
AH OUI, AU FAIT, J'AI OUBLIÉ DE TE PRÉVENIR:
ILS SONT DÉJÀ LÀ!
OH!
HEU...
BONJOUR!
POUR RACONTER CETTE HISTOIRE, NOUS TENONS LE BON PARTENAIRE DE JEU: EUDES. BON... LÀ IL EST EN RETARD, MAIS IL EST CAPABLE DE METTRE SUBTILEMENT EN DESSIN NOTRE TRAVAIL.
TU VAS VOIR, C'EST QUELQU'UN DE TRÈS...
PAPAAAAAAA!!!!
?!
QUOI NAËL ?!
QU'EST-CE QU'IL Y A ENCORE ?!
C'EST EUDES!!! IL A PAS MIS SON MAAASQUE!! Y VA NOUS DONNER LE CORONAVIRUUUUS!!!
?!
SALUT BENJI!

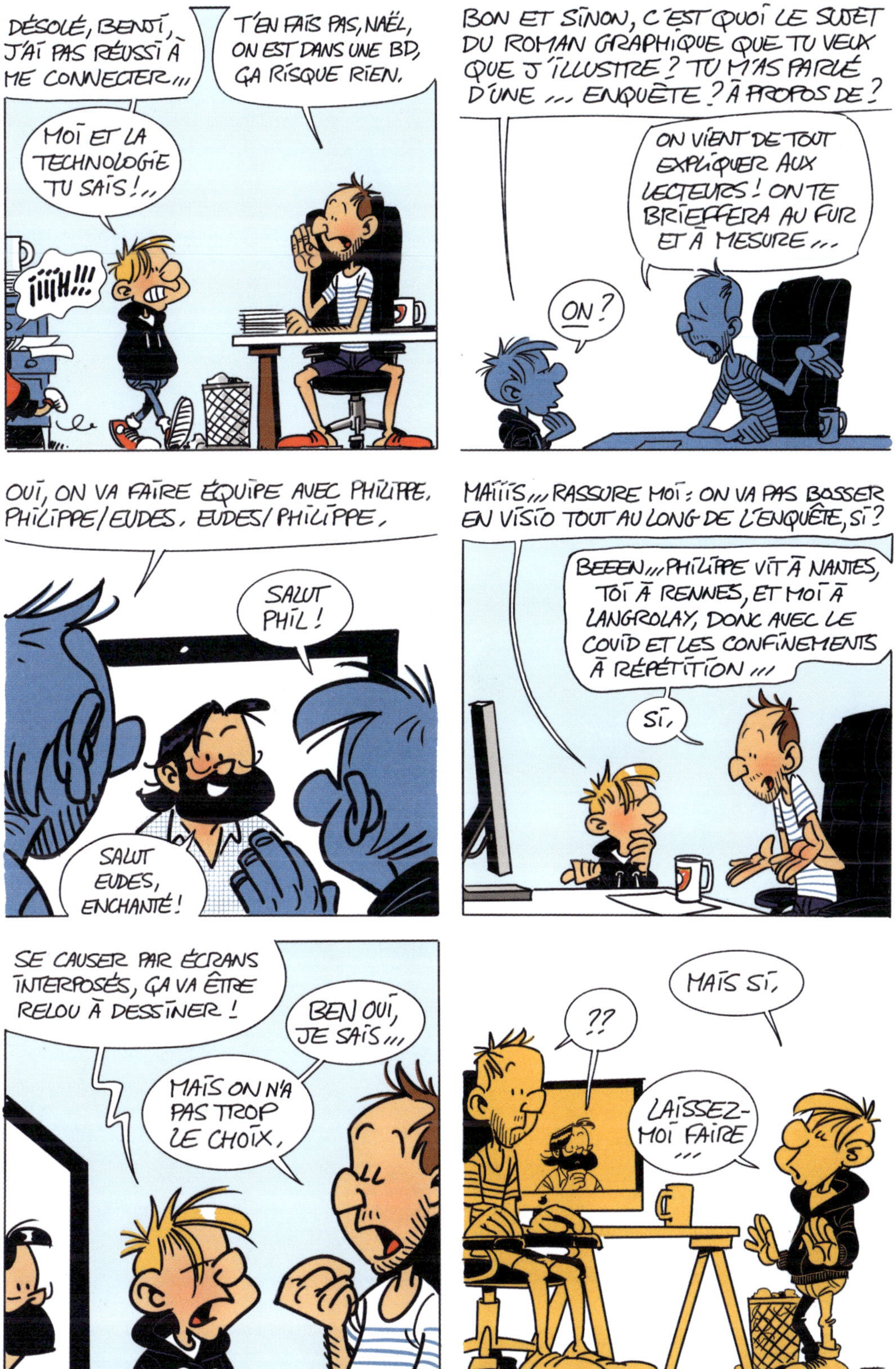
DÉSOLÉ, BENJI, J'AI PAS RÉUSSI À ME CONNECTER...
T'EN FAIS PAS, NAËL, ON EST DANS UNE BD, ÇA RISQUE RIEN.
MOI ET LA TECHNOLOGIE TU SAIS !..
IIIIH!!!
BON ET SINON, C'EST QUOI LE SUJET DU ROMAN GRAPHIQUE QUE TU VEUX QUE J'ILLUSTRE ? TU M'AS PARLÉ D'UNE ... ENQUÊTE ? À PROPOS DE ?
ON VIENT DE TOUT EXPLIQUER AUX LECTEURS ! ON TE BRIEFFERA AU FUR ET À MESURE...
ON ?
OUI, ON VA FAIRE ÉQUIPE AVEC PHILIPPE. PHILIPPE/EUDES. EUDES/PHILIPPE.
SALUT PHIL !
SALUT EUDES, ENCHANTÉ !
MAIIIS... RASSURE MOI : ON VA PAS BOSSER EN VISIO TOUT AU LONG DE L'ENQUÊTE, SI ?
BEEEN... PHILIPPE VIT À NANTES, TOI À RENNES, ET MOI À LANGROLAY, DONC AVEC LE COVID ET LES CONFINEMENTS À RÉPÉTITION...
SI.
SE CAUSER PAR ÉCRANS INTERPOSÉS, ÇA VA ÊTRE RELOU À DESSINER !
BEN OUI, JE SAIS...
MAIS ON N'A PAS TROP LE CHOIX.
MAIS SI.
??
LAISSEZ-MOI FAIRE ...

TADAAAM ! VOICI NOTRE QUARTIER GÉNÉRAL, LES GARS ! CANAPÉ CLUB EN CUIR VÉRITABLE, ÉCRAN OLED 4K 130 POUCES, PLAYSTATION 5 AVEC TROIS MANETTES, BILLARD ANGLAIS ...
... ET C'EST PAS FINI ! J'AI UNE SURPRISE POUR VOUS ! ..
UN BAR !!! AVEC TROIS BIÈRES À LA PRESSION ! RIEN QUE POUR NOUS !!!
ON VA ÊTRE BIEN, VOUS ALLEZ VOIR !
!
!
ET REGARDEZ, QUAND ON FAIT PIVOTER LES ÉTAGÈRES À BOUTEILLES : TADAAAM ! UNE PLANQUE POUR LES ARMES !!!
AU CAS OÙ LE QG SERAIT ASSIÉGÉ !
?!
?!
QU'EST-CE QUE J'VOUS SERS, LES GARS ? J'AI SÉLECTIONNÉ EXPRÈS DES BIÈRES BRETONNES !
ON A DE LA CORE
DE LA TELENN DU
DE LA SAINT ERW
STOOOOP !!!
ON S'EST MAL COMPRIS, EUDES ...

LE QG, C'EST UNE BONNE IDÉE, ON Y SERA MIEUX QUE DERRIÈRE NOS ÉCRANS, MAIS ON N'EST PAS EN VACANCES, ON EST LÀ POUR **TRA-VAIL-LER** ! ON VA AVOIR BESOIN D'ÉCRIRE, DE PASSER DES COUPS DE FIL, DE FAIRE DES RECHERCHES, DONC IL VA NOUS FALLOIR UN BUREAU, DES ORDIS...
UN BON ÉCLAIRAGE AUSSI... C'EST IMPORTANT !
... ET DE QUOI FAIRE DU CAFÉ, ÉVIDEMMENT...
OK, OK, PAS DE SOUCIS, VOUS N'AUREZ QU'À ME DIRE QUAND VOUS EN AUREZ BESOIN ET JE VOUS DESSINE TOUT ÇA...
BEN... LÀ MAINTENANT !
L'HISTOIRE VA COMMENCER !
PFFFOUUU...
ON... PEUT PEUT-ÊTRE GARDER LE BAR, NON ? T'EN PENSES QUOI ?
CARRÉMENT ! JE TE SERS QUELQUE CHOSE ?
TIENS EUDES, PUISQUE T'ES LANCÉ, TU VEUX PAS NOUS DESSINER LE SOMMAIRE S'IL TE PLAIT ?!
ENGAGEZ-VOUS ! RENGAGEZ-VOUS ! QU'Y DISAIENT...

PLUTÔT QU'UN SOMMAIRE, J'AI DEMANDÉ À EUDES DE NOUS DESSINER UNE CARTE QUI MONTRERAIT **LA BRETAGNE ADMINISTRATIVE** MAIS AUSSI LA **RÉGION PAYS-DE-LA-LOIRE**.
CES DEUX RÉGIONS SE DISPUTENT LE DÉPARTEMENT DE LA **LOIRE-ATLANTIQUE**.
LE COEUR DE NOTRE SUJET !
BONNE IDÉE !
29
BRETAGNE ADMINISTRATIVE
LOIRE-ATLANTIQUE
PAYS-DE-LA-LOIRE

22
35
53
72
56
44
49
85
LES SOMMAIRES ÇA SERT À RIEN DE TOUTE FAÇON...

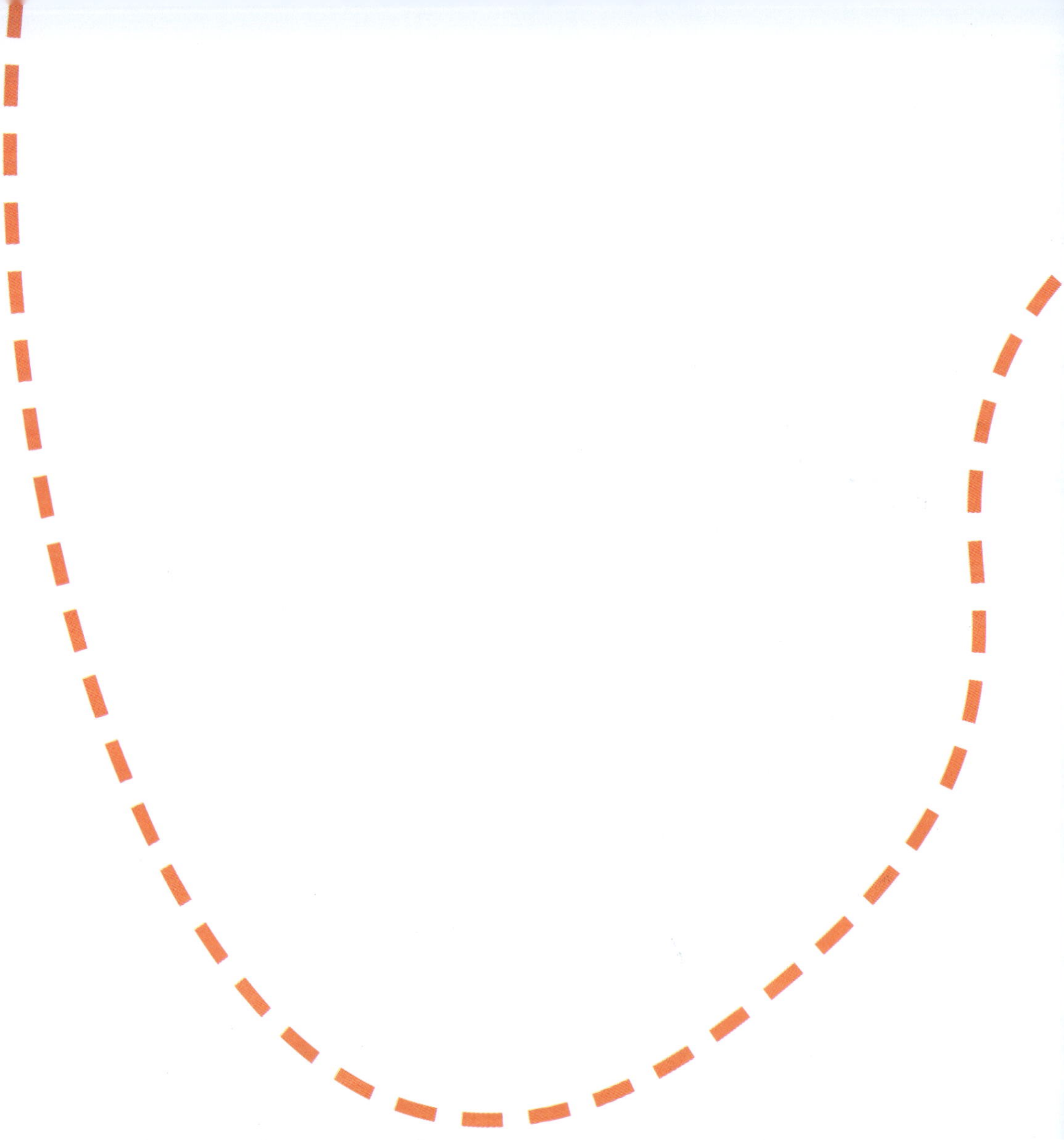

CHAPITRE 1

IL SE PASSE QUELQUE CHOSE

JUIN 2020
QUELQUES JOURS AVANT LE SECOND TOUR DES ÉLECTIONS MUNICIPALES
IL SE PASSE QUELQUE CHOSE JE TE DIS !!!
REGARDE CE QUI VIENT DE TOMBER !
?!
BREIZH

Le Télégramme
Actualités Bretagne Chez Vous Économie Sports Loisirs Services Route du Rhum
À Nantes, la maire PS fait des concessions aux écolos mais...
Publié par Philippe Créhange le 02 juin 2020 à 18h00
Diaporama
et Julie Laernoes (EELV) ont scellé un accord en vue du second tour des municipales 2020 à Nantes. (Le Télégramme / Philippe Créhange)
En scellant un accord avec les écologistes, Johanna Rolland a dû céder sur quelques sujets, sans pour autant complètement plier. De quoi sans doute lui assurer une large victoire au second tour au vu des résultats du premier.

LES ÉCOLOGISTES AURAIENT PU SE TOURNER VERS LEUR GAUCHE MAIS ILS ONT DÉCIDÉ DE S'ALLIER AU PARTI SOCIALISTE.
LA GAUCHE BRETONNE COMPTE S'ASSURER UNE RÉÉLECTION SEREINE.
REGARDE MIEUX !
MOUAIS...
RIEN DE TROP NEUF...
LA MÊME UNION EXISTE À RENNES OU À BREST.
IL EST QUESTION D'UN PROGRAMME COMMUN, TIENS, LE VOICI...
"JOHANNA ROLLAND ACCEPTE D'ENRÔLER CHRISTOPHE JOUIN..."
QUI ÇA ?
UN ÉTUDIANT QUI AVAIT ENFARINÉ JOHANNA ROLLAND EN 2018 POUR DÉNONCER LA GESTION DES DEMANDEURS D'ASILE À NANTES.
OK, ET... JOHANNA ROLLAND, C'EST QUI ?
LA MAIRE DE NANTES, VOYONS !
NON MAIS C'EST PAS ÇA QUE JE VOULAIS TE MONTRER.
REGARDE, LÀ :
POINT 287 DU CONTRAT DE MANDAT ?
OUI !
Point 287: « Promouvoir la langue et la culture bretonnes … BLABLABLA… Adopter un vœu demandant l'organisation d'un référendum sur la réunification de la Bretagne… BLABLABLA… Se doter d'une instance pour engager une concertation avec l'État sur les modalités d'organisation de ce dernier. »

À NANTES, LE DÉBAT SUR LA BRETONNITUDE N'A JAMAIS ÉTÉ ASSUMÉ DANS UNE TELLE MESURE.
LÀ CE SONT DES **PROMESSES FORTES** !
REGARDE PLUS LOIN LA COMPOSITION DE LA LISTE D'UNION.
FLORIAN LE TEUFF, NUMÉRO 4.
IL EST PROMIS À UN RÔLE D'ADJOINT.
QUI ÇA ?
LE TEUFF...
TU VOIS QU'IL SE PASSE UN TRUC !
EH! HO! STOP!!!
ON PEUT PAS COMMENCER UN LIVRE COMME ÇA, LES GARS !
C'EST PAS POSSIBLE.
?!
IL VA FALLOIR EXPLIQUER AUX LECTEURS, ET À MOI SI ÇA VOUS DÉRANGE PAS.
LE TEUFF... C'EST QUI ?!

J'AI RENCONTRÉ FLORIAN LE TEUFF POUR LA PREMIÈRE FOIS EN 2013. IL ÉTAIT INSTIT' ET AVAIT TOUT PLAQUÉ POUR MONTER "A LA NANTAISE"...
A LA NANTAISE
...UNE ASSOCIATION QUI DÉFENDAIT L'ACTIONNARIAT PUBLIC POUR LE FOOTBALL CLUB DE NANTES.
OK, C'EST UN CANARI QUOI.
C'EST UN QUADRAGÉNAIRE ENGAGÉ.
DEPUIS, IL S'EST INVESTI EN POLITIQUE, NOTAMMENT POUR DÉFENDRE LA PLACE DE LA BRETAGNE À NANTES.
IL EST CONVAINCU PAR L'IDÉE DE LA RÉUNIFICATION !
LISEZ ÇA...
"ON N'A PAS LE CHOIX. C'EST UNE NOUVELLE PAGE DE L'HISTOIRE POLITIQUE DE NANTES QUI S'OUVRE. J'AI ENVIE DE CROIRE QUE ÇA VA FONCTIONNER. C'EST UN IMPÉRATIF, UN DEVOIR MORAL."
IL SE MURMURE QUE LE TEUFF SERAIT NOMMÉ ADJOINT AUX QUESTIONS BRETONNES...
AUX QUESTIONS BRE-TON-NES !
DE MÉMOIRE DE NANTAIS, JE NE ME SOUVIENS PAS D'AVOIR VU LA FILIATION BRETONNE DE NANTES AUTANT EN DÉBAT...

"ADJOINT AUX QUESTIONS BRETONNES"...
... ÇA PEUT AUSSI SONNER COMME UN POSTE PLACARD, NON ?
LA RÉUNIFICATION DE LA BRETAGNE EXISTE DANS LE DÉBAT POLITIQUE DEPUIS DES DÉCENNIES SANS TROUVER D'ÉCHO...
... LE CONSEIL RÉGIONAL DE BRETAGNE A VOTÉ DE NOMBREUX VOEUX POUR EXPRIMER SON AVIS FAVORABLE À UN RATTACHEMENT DE LA LOIRE-ATLANTIQUE À LA RÉGION,
LE DÉPARTEMENT DE LA LOIRE-ATLANTIQUE LUI-MÊME A EXPRIMÉ CE SOUHAIT EN 2001 !!
IL VA OÙ COMME ÇA PHIL ?
?
FRANÇOIS DE RUGY EN DEVENANT PRÉSIDENT DE L'ASSEMBLÉE NATIONALE AVAIT MÊME ANNONCÉ EN UNE DU MAGAZINE BRETONS :
JE PROPOSERAI LA RÉUNIFICATION DE LA BRETAGNE
DES EFFETS D'ANNONCE ET DES PROMESSES NON TENUES, J'EN AI À LA PELLE DANS MES ARCHIVES !..
LAISSEZ-MOI ALLER METTRE UN PEU D'ORDRE DANS TOUT ÇA !
SI TU CHERCHES LES ARCHIVES, C'EST LA DEUXIÈME PORTE À GAUCHE...
... JUSTE APRÈS LA PISTE DE BOWLING QUE JE NOUS AI DESSINÉE !

3 JUILLET 2020 - NANTES
TAVARN BREIZH
Café breton
NAISSANCE DE L'ASSOCIATION "À LA BRETONNE" QUI VEUT RELANCER L'IDÉE D'UN RÉFÉRENDUM POPULAIRE
ELHADI AZZI : COSECRÉTAIRE DE GÉNÉRATION ECOLOGIE
AZILIZ GOUEZ : • VICE-PRÉSIDENTE DE NANTES MÉTROPOLE • ANCIENNE PLUME DU PRÉSIDENT IRLANDAIS
FLORIAN LE TEUFF
PIERRE-EMMANUEL MARAIS : ADJOINT À LA MAIRIE DE NANTES • MILITANT UDB
AURÉLIEN BOULÉ : • CONSEILLER MUNICIPAL • MILITANT UDB
NAO NÉD
BONJOUR !
HÉ ! BONJOUR PHILIPPE !
BONJOUR !
MOUNIR BELHAMITI : • CONSEILLER MUNICIPAL • DÉPUTÉ LREM
GUILLAUME DALMARD "DES AILES POUR L'OUEST" MILITANT PRO AÉROPORT NOTRE-DAME-DES-LANDES
VOILÀ UN RASSEMBLEMENT ATYPIQUE QUI VA DES ÉCOLOGISTES AUX PRO-AÉROPORT NOTRE-DAME-DES-LANDES ALORS QU'ILS ONT LONGTEMPS ÉTÉ OPPOSÉS SUR CETTE QUESTION ...

LA MAIRE DE NANTES, JOHANNA ROLLAND, A PRIS DES ENGAGEMENTS, LE PRÉSIDENT DE LA RÉGION BRETAGNE, LOÏG-CHESNAIS-GIRARD, A RÉITÉRÉ SON ENVIE D'AVANCER SUR LA BRETAGNE À CINQ. LE PROCHAIN CONSEIL RÉGIONAL DE BRETAGNE PRÉVOIT D'AILLEURS DE FAIRE UN POINT SUR LA COOPÉRATION ET...
... IL Y A UNE ENVIE DE RÉUNIFICATION !!
C'EST UNE NOUVELLE SÉQUENCE POLITIQUE QUI EST EN TRAIN DE S'OUVRIR !!!
MICHAEL HERVÉ (TRÉSORIER)
CHRISTOPHE PRUGNE (PRÉSIDENT DE L'ASSO ET PATRON DU CAFÉ)
KEVIN JEZEQUEL (VICE-PRÉSIDENT)
SELON VOUS, L'ÉLECTION MUNICIPALE EST UN NOUVEAU SOUFFLE CONCERNANT LE COMBAT DE LA RÉUNIFICATION DE LA BRETAGNE ?
LE CONSEIL MUNICIPAL A ÉLU UN ADJOINT AU MAIRE CHARGÉ DES ENJEUX BRETONS...
C'EST HISTORIQUE !!!
DANS LA MAJORITÉ ET LE CONSEIL MUNICIPAL, LE CENTRE DE GRAVITÉ S'EST DÉPLACÉ. ON A MARQUÉ UN PREMIER BUT MAIS LE MATCH N'EST PAS TERMINÉ.
ET... AVEC VOTRE ASSOCIATION, VOUS ÉVOQUEREZ AUSSI LES SUJETS QUI FÂCHENT COMME LA FUTURE CAPITALE DE RÉGION ? RENNES OU NANTES ?

IL FAUT QU'ON METTE TOUS LES SUJETS SUR LA TABLE, DONT LES PLUS CLIVANTS. CE SONT LES DISCUSSIONS AVEC TOUS LES ACTEURS QUI NOUS PERMETTRONT PEUT-ÊTRE D'ALLER VERS UN MODÈLE DE CAPITALE INNOVANT, AUQUEL ON N'A PAS ENCORE PENSÉ.
VOTRE INITIATIVE EST LOUABLE MAIS... POURQUOI CRÉER UNE NOUVELLE ASSOCIATION ALORS QU'IL EN EXISTE DÉJÀ UNE PLUS ANCIENNE : BRETAGNE RÉUNIE ?
C'EST UN PUTSCH ?
BRETAGNE RÉUNIE A QUAND MÊME RÉUSSI À ROUVRIR CES DERNIERS MOIS LE DÉBAT SUR LA RÉUNIFICATION AVEC SA PÉTITION.
IL N'Y A PAS D'OPPOSITION ENTRE "À LA BRETONNE" ET BRETAGNE RÉUNIE.
CERTAINS D'ENTRE NOUS ADHÈRENT AUX DEUX.
HÉ MAIS ?... LÀ-BAS... CE NE SERAIT PAS ?...
MAIS SI ! EH BIEN !... MÊME LUI EST ICI !...

LUI, C'EST **PATRICK MARESCHAL**

C'EST LUI QUI, DANS LES ANNÉES 70, A FONDÉ AVEC D'AUTRES, L'ASSOCIATION **BRETAGNE RÉUNIE**...

EN 1977, IL EST DEVENU **ADJOINT AU MAIRE** DE NANTES PUIS **1er ADJOINT** DE 1989 À 2001, ENCARTÉ AU **PARTI RADICAL DE GAUCHE**, IL EST AUSSI ÉLU CONSEILLER GÉNÉRAL DE 1985 À 2011 ET NOTAMMENT **PRÉSIDENT DU CONSEIL DÉPARTEMENTAL DE LOIRE-ATLANTIQUE** DE 2004 À 2011.

AVEC LES MILITANTS DE BRETAGNE RÉUNIE, **IL A RÉUSSI UN JOLI COUP**: L'ASSOCIATION A OEUVRÉ AU COLLECTAGE DE SIGNATURES POUR OBTENIR **10% DU CORPS ÉLECTORAL DE LOIRE-ATLANTIQUE** !

... CE QUI PERMET D'OUVRIR UNE CONSULTATION SUR **LA RÉUNIFICATION**.

PARI GAGNÉ ! À COUPS DE MILITANTISME ACHARNÉ SUR LES MARCHÉS DU DÉPARTEMENT...

... ILS ONT OBTENU LES 105.000 SIGNATURES !!!

UN PEU PLUS TARD ...
JE ME SUIS TOUJOURS SENTI BRETON !
CE QUI M'A CONVAINCU DE M'ENGAGER SUR LE SUJET DE LA RÉUNIFICATION ? LE MANQUE DE CONSIDÉRATION. 105 000 PERSONNES ONT DEMANDÉ À ÊTRE ÉCOUTÉES... IL NE SE PASSE RIEN !!!
... IL EST TEMPS D'ENTENDRE LES CITOYENS ET DE SE DONNER LES MOYENS D'OUVRIR UN VÉRITABLE DÉBAT.
ON VEUT UN RÉFÉRENDUM !!
L'ÉTAT DOIT L'ORGANISER !!
ON PEUT ÊTRE POUR OU CONTRE LA RÉUNIFICATION, MAIS ON NE PEUT PAS ÊTRE CONTRE LA DÉMOCRATIE !!!
NOUS DEVONS DÉPASSER LES ARGUMENTS HISTORIQUES OU AFFECTIFS. NOUS RÉCLAMONS LA PRODUCTION DE DONNÉES FIABLES POUR JAUGER DES EFFETS DE LA RÉUNIFICATION SUR L'EMPLOI, SUR L'AMÉNAGEMENT DU TERRITOIRE, SUR LE TOURISME...
CES ARGUMENTS ALIMENTERONT LE DÉBAT AFIN DE PERMETTRE ENSUITE UN VOTE ÉCLAIRÉ !

NA BREIZH
Café Breton
?
47 QUAI DE LA FOSSE OUI, C'EST ÇA, MERCI.
MONSIEUR MARESCHAL !! S'IL VOUS PLAÎT !! AURIEZ-VOUS QUELQUES MINUTES À M'ACCORDER ?
?!
AU SUJET DE LA RÉUNIFICATION DE LA BRETAGNE, PENSEZ-VOUS...
JE MESURE LES PROGRÈS ÉNORMES DE LA PERCEPTION DE L'UTILITÉ DE LA BRETAGNE...
DANS LES ANNÉES 70, NOUS ÉTIONS QUELQUES ZOZOS, QUELQUES CULTUREUX, À DÉFENDRE CETTE IDÉE, L'ESTABLISHMENT POLITIQUE NOUS REGARDAIT AVEC DE GRANDS YEUX !
MAIS VOUS...
JE DOIS MALHEUREUSEMENT VOUS LAISSER, J'AI UN AUTRE RENDEZ-VOUS, MON ÉPOUSE M'ATTEND, MAIS...
... APPELEZ-MOI. REVOYONS-NOUS.
TENEZ, VOICI MA CARTE...
... J'AI DES CHOSES À VOUS RÉVÉLER...

DÉCEMBRE 2020
TRAORÉ POUR BOURIGEAUD...
OUI !
BOURIGEAUD QUI TROUVE LABORDE DANS LA PROFONDEUR...
OUI !!!
LABORDE QUI CENTRE POUR TERRIER !...
DRIIING
TERRIER QUI FRAAAPPE !...
NOOON !!!
DÉCROCHE ! DÉCROCHE !
OUI ALLÔ ?!
AH, C'EST TOI PHILIPPE...
C'EST PAS VRAIMENT LE MOMENT, LÀ...
HEIN ? QUOI ?...
BENJAMIN ?... NON, JE L'AI PAS REVU DEPUIS QU'IL EST PARTI AUX ARCHIVES...
JE LUI LAISSE UN MESSAGE STUVEUX.
RAAAH !!! MAIS PASSE TA BALLE !!!
DIS-LUI QU'IL SE PASSE VRAIMENT QUELQUE CHOSE !!!

LES ÉLUS NANTAIS ONT INSTALLÉ UN DRAPEAU BRETON DEVANT LA MAIRIE !
SYMBOLIQUEMENT C'EST TRÈS FORT !!!

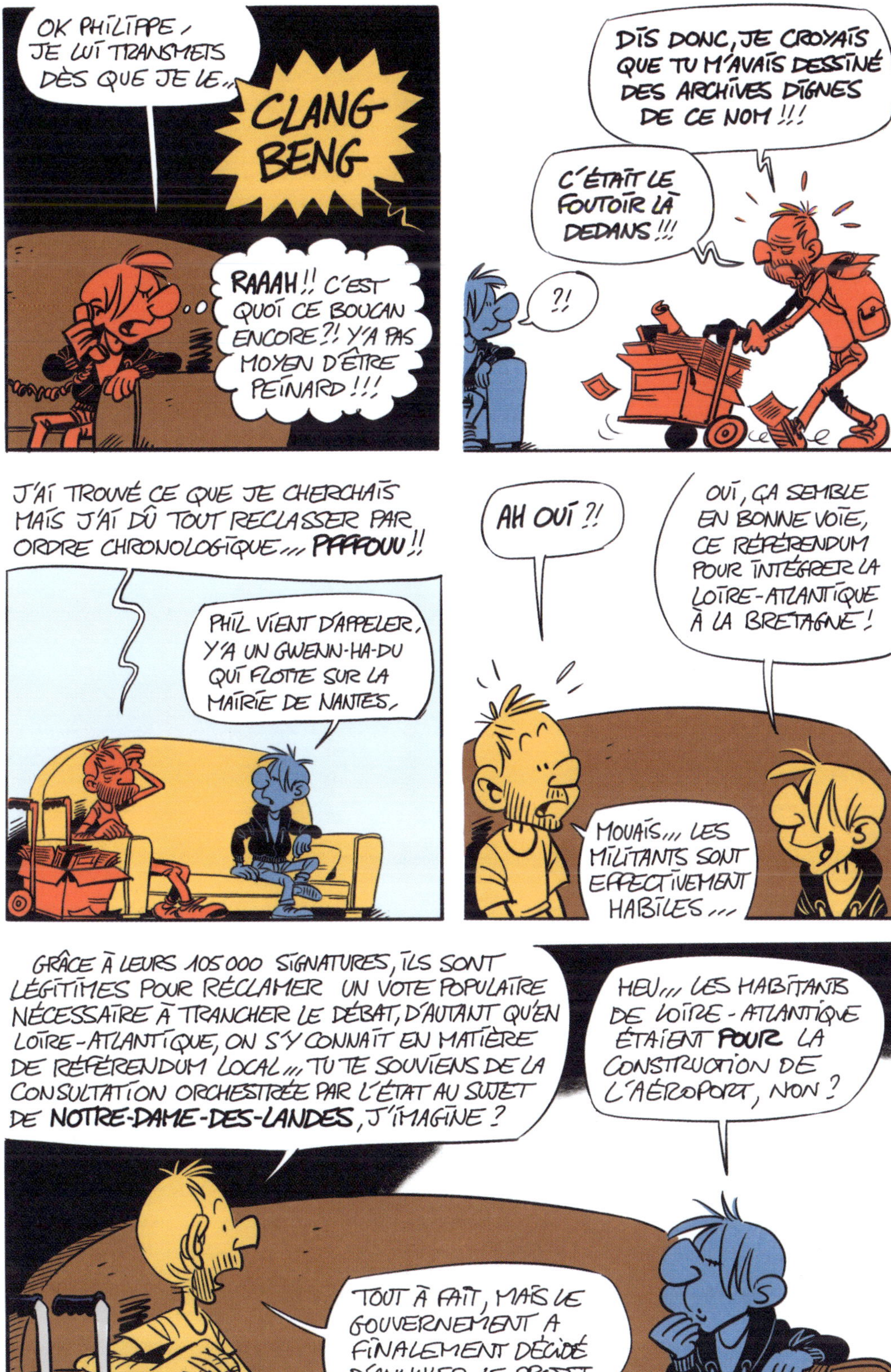
OK PHILIPPE, JE LUI TRANSMETS DÈS QUE JE LE...
CLANG BENG
RAAAH !! C'EST QUOI CE BOUCAN ENCORE ?! Y'A PAS MOYEN D'ÊTRE PEINARD !!!
DIS DONC, JE CROYAIS QUE TU M'AVAIS DESSINÉ DES ARCHIVES DIGNES DE CE NOM !!!
C'ÉTAIT LE FOUTOIR LÀ DEDANS !!!
?!
J'AI TROUVÉ CE QUE JE CHERCHAIS MAIS J'AI DÛ TOUT RECLASSER PAR ORDRE CHRONOLOGIQUE... PFFFOUU !!
PHIL VIENT D'APPELER, Y'A UN GWENN-HA-DU QUI FLOTTE SUR LA MAIRIE DE NANTES.
AH OUI ?!
OUI, ÇA SEMBLE EN BONNE VOIE, CE RÉFÉRENDUM POUR INTÉGRER LA LOIRE-ATLANTIQUE À LA BRETAGNE !
MOUAIS... LES MILITANTS SONT EFFECTIVEMENT HABILES...
GRÂCE À LEURS 105 000 SIGNATURES, ILS SONT LÉGITIMES POUR RÉCLAMER UN VOTE POPULAIRE NÉCESSAIRE À TRANCHER LE DÉBAT, D'AUTANT QU'EN LOIRE-ATLANTIQUE, ON S'Y CONNAÎT EN MATIÈRE DE RÉFÉRENDUM LOCAL... TU TE SOUVIENS DE LA CONSULTATION ORCHESTRÉE PAR L'ÉTAT AU SUJET DE NOTRE-DAME-DES-LANDES, J'IMAGINE ?
HEU... LES HABITANTS DE LOIRE-ATLANTIQUE ÉTAIENT POUR LA CONSTRUCTION DE L'AÉROPORT, NON ?
TOUT À FAIT, MAIS LE GOUVERNEMENT A FINALEMENT DÉCIDÉ D'ANNULER LE PROJET.

EN RÉSUMÉ : SI LES MILITANTS DÉCIDENT LES ÉLUS DU CONSEIL RÉGIONAL DE BRETAGNE ET DES PAYS-DE-LA-LOIRE AINSI QUE CEUX DU CONSEIL DÉPARTEMENTAL DE LA LOIRE-ATLANTIQUE DE RÉCLAMER UN VOTE POPULAIRE AU GOUVERNEMENT...
... SI ENSUITE LES ÉLECTEURS VALIDENT LE RATTACHEMENT ET SI L'ÉTAT ACCEPTE L'INTÉGRATION, ALORS LA RÉUNIFICATION SERAIT POSSIBLE...
VOILA !
EEEH BEN... ÇA EN FAIT DES "SI", CETTE HISTOIRE !
UN SERPENT DE MER !
PARDON : LE SERPENT DE MER BRETON !
LÀ-DEDANS, IL Y A L'HISTORIQUE D'UN DEMI-SIÈCLE DE MOBILISATIONS INFRUCTUEUSES, DES DÉCENNIES DE DÉBATS, DE MANIFESTATIONS, DE SONDAGES, DE BATAILLES POLITIQUES...
... QUI N'ONT JAMAIS PERMIS D'ABOUTIR À UN CHANGEMENT DE FRONTIÈRE, NI MÊME À L'ORGANISATION D'UN RÉFÉRENDUM,
THEU! THEU!
ALLONS AU BUREAU DÉPOUSSIÉRER TOUT ÇA !!!
EEEH BEN... J'SUIS PAS SORTI DE L'AUBERGE...

LES PREMIÈRES MANIFESTATIONS REMONTENT AUX ANNÉES 1970. LÀ, ON EST EN 1973. À CETTE ÉPOQUE, L'ÉTAT VIENT DE CRÉER DES ÉTABLISSEMENTS PUBLICS RÉGIONAUX, LES ANCÊTRES DES RÉGIONS ADMINISTRATIVES.
LE GOUVERNEMENT A CONFIRMÉ UNE BRETAGNE À QUATRE DÉPARTEMENTS.
LA LOIRE-ATLANTIQUE EST CONFIRMÉE COMME UN MORCEAU DE CETTE ENTITÉ APPELÉE **PAYS-DE-LA-LOIRE**...
... DES NANTAIS INITIENT ALORS LES PREMIÈRES MANIFESTATIONS.
1973
BRETAGNE
LOIRE ATLANTIQUE
REGARDE EN TÊTE DE CE CORTÈGE DE QUELQUES CENTAINES DE PERSONNES...
C'EST QUI ?
PATRICK MARESCHAL.
CELUI QUE PHILIPPE A RENCONTRÉ À NANTES L'AUTRE JOUR.

L'ANNÉE SUIVANTE, ILS LANCENT **UNE PÉTITION** POUR RÉCLAMER L'INTÉGRATION DE LEUR DÉPARTEMENT À LA BRETAGNE... **ILS COLLECTENT 60 000 SIGNATURES** !!!
C'EST ÉNORME POUR L'ÉPOQUE !
SANS EFFET...
APRÈS, ON NE COMPTE PLUS VRAIMENT LES MANIFESTATIONS DANS LES RUES DE NANTES.
TIENS...
... ÇA, C'EST EN 1976.
ILS ÉTAIENT **5 000 À DÉFILER** !
ET C'EST PAS TERMINÉ !...
TIENS, VA ME CHERCHER D'AUTRES PUNAISES, S'IL TE PLAIT...

* VICTOIRE DE LA GAUCHE À L'ÉLECTION PRÉSIDENTIELLE DE 1981

* COMITÉ POUR L'UNITÉ ADMINISTRATIVE DE LA BRETAGNE.

MAIS LÀ ENCORE : RIEN NE SE PASSE ! LES MANIFESTATIONS DÉPLACENT POURTANT DE PLUS EN PLUS DE MONDE !!!
EN 2008, ILS SONT 10 000 !
EN 2014 : 20 000 !!!
REGARDE CETTE BANDEROLE : "ÉLUS DE BRETAGNE, ARRÊTEZ DE TRAHIR !"
DES PERSONNALITÉS COMME LE MUSICIEN ALAN STIVELL, LE PRIX GONCOURT YANN QUEFFÉLEC, LE SPATIONAUTE JEAN-LOUP CHRÉTIEN, LES CHEFS D'ENTREPRISE ALAIN GLON OU CHRISTIAN GUILLEMOT FONT PARTIE DES CORTÈGES !!!
OK, OK, BENJI, J'AI PIGÉ, JE T'ASSURE !...
ÇA EN FAIT DES MANIFS.
CALME-TOI...
S'IL N'Y AVAIT EU QUE LES MANIFESTATIONS...
... IL Y A AUSSI EU LES SONDAGES.
LES SONDAGES ?
OUI, LES SONDAGES !!!
SONDAGES

VOICI LE RÉSULTAT D'UNE CONSULTATION DE 1968 LANCÉE PAR OLIVIER GUICHARD, ALORS MINISTRE CHARGÉ DU PLAN D'AMÉNAGEMENT DU TERRITOIRE... SELON CE DOCUMENT, APRÈS UNE DÉCENNIE DE L'EXISTENCE DES PAYS-DE-LA-LOIRE, 88% DES HABITANTS SE DISENT MÉCONTENTS.
TOUJOURS SELON CE TRAVAIL, LA LOIRE-ATLANTIQUE CHERCHE À "S'ÉVADER VERS LA BRETAGNE".
LA MAYENNE AUSSI D'AILLEURS.
RÉSULTAT D'UN SONDAGE RÉALISÉ PAR LA SOFRES POUR PÈLERIN MAGAZINE EN 1982 : 62% DES HABITANTS DE LOIRE-ATLANTIQUE ÉTAIENT POUR UN RATTACHEMENT À LA BRETAGNE !!
62%
"SI CE RÉSULTAT NE VAUT PAS RÉFÉRENDUM, IL PROUVE QUE LE SUJET PASSIONNE. SANS AUCUN DOUTE, L'IMAGE DE LA BRETAGNE JOUE POUR BEAUCOUP DANS CE CHOIX FACE À DES PAYS-DE-LA-LOIRE QUI CHERCHENT ENCORE LEUR UNITÉ, AU MOINS UNE IDENTITÉ."
EN 1986, FRANCE 3 PAYS-DE-LA-LOIRE COMMANDE AU CENTRE DE RECHERCHE DE L'ÉCOLE SUPÉRIEURE DE COMMERCE DE NANTES UNE CONSULTATION :
SELON CELLE-CI, "63,34% DES HABITANTS SERAIENT FAVORABLES À UN RATTACHEMENT" !
63,34%
"IL EN RESSORT L'IMAGE SAISISSANTE D'UNE POPULATION QUI SE CONSIDÈRE AVEC BEAUCOUP DE NETTETÉ COMME BRETONNE LORSQU'ELLE EST ORIGINAIRE DU DÉPARTEMENT ET DONT LES PORTE-PAROLES INSTITUTIONNELS (CADRES, CHEFS D'ENTREPRISE EN PARTICULIER) ÉMETTENT UNE OPINION OPPOSÉE."

SONDAGE RÉALISÉ PAR TMO RÉGIONS POUR OUEST-FRANCE; LES HABITANTS DE LOIRE-ATLANTIQUE ÉTAIENT ALORS FAVORABLES À 68% À UNE INTÉGRATION À LA BRETAGNE.
82% DES SONDÉS EXPRIMAIENT UNE PROXIMITÉ "AFFECTIVE" AVEC LA BRETAGNE. 43% DES LIGÉRIENS ÉTAIENT INCAPABLES DE CITER SPONTANÉMENT LE NOM DE LEUR RÉGION. SI 60% DES PLUS DE 40 ANS SE SENTAIENT BRETONS, ILS N'ÉTAIENT QUE 35% CHEZ LES 18-29 ANS.
1999 68%
ÇA, C'ÉTAIT POUR PRESSE OCÉAN ET LE TÉLÉGRAMME, UN SONDAGE RÉALISÉ SUR LES CINQ DÉPARTEMENTS DE LA BRETAGNE HISTORIQUE:
L'ENVIE D'UNE BRETAGNE À CINQ MONTAIT À 71% EN LOIRE-ATLANTIQUE.
1999 68%
2000 63%
2006 67%
CE QUI EST INTÉRESSANT DANS CETTE CONSULTATION PUBLIÉE DANS OUEST-FRANCE ET RÉALISÉE PAR L'IFOP, C'ÉTAIT NOTAMMENT L'ENVIE D'UN RÉFÉRENDUM EXPRIMÉE PAR 85% DES SONDÉS.
2000 63%
ET ÇA, C'EST QUOI?
2006 67%
ÇA, C'EST LE RÉSULTAT D'UNE ÉTUDE DE L'IFOP COMMANDÉE PAR LE DÉPARTEMENT DE LOIRE-ATLANTIQUE.

AU COURS DES DÉCENNIES, DES ÉLUS SE SONT AUSSI RÉGULIÈREMENT POSITIONNÉS EN FAVEUR D'UNE RÉGION À CINQ.
DANS LES ARCHIVES DU CONSEIL RÉGIONAL DE BRETAGNE, J'AI RETROUVÉ PLUSIEURS VOEUX EN CE SENS EN 1981, 1997, 2001...
LE BASCULEMENT À GAUCHE DE L'INSTITUTION N'A RIEN CHANGÉ, PLUSIEURS VOEUX SIMILAIRES ONT ÉTÉ FORMULÉS SOUS LA PRÉSIDENCE DE **JEAN-YVES LE DRIAN**, **PIERRICK MASSIOT** OU **LOÏG CHESNAIS-GIRARD**...
MÊME CONSTAT AU CONSEIL DÉPARTEMENTAL DE LA LOIRE-ATLANTIQUE. EN 2001, L'ASSEMBLÉE ALORS DIRIGÉE PAR LA DROITE A RÉCLAMÉ UNE **RECONNAISSANCE DE SON IDENTITÉ BRETONNE**.
ELLE A DEMANDÉ "AU GOUVERNEMENT D'ORGANISER LE DÉBAT PUBLIC ET LES CONSULTATIONS NÉCESSAIRES PUIS D'INITIER LE PROCESSUS LÉGISLATIF PERMETTANT DE RÉUNIR LES CINQ DÉPARTEMENTS DE LA BRETAGNE HISTORIQUE, ASSOCIÉS AUX DÉPARTEMENTS VOISINS QUI LE SOUHAITERAIENT."
ET SAIS-TU QUI A INITIÉ CE VOEU ?
J'AI QUELQUES SOUPÇONS MAIS JE PRÉFÈRE QUE CE SOIT TOI QUI LE DISES AUX LECTEURS.
L'AUTEUR DE CE VOEU ÉTAIT **PATRICK MARESCHAL**.
ENCORE LUI ! DÉCIDEMMENT !

MARESCHAL ÉTAIT ALORS DANS L'OPPOSITION DÉPARTEMENTALE, IL EST ENSUITE DEVENU PRÉSIDENT DE LA COLLECTIVITÉ DE 2004 À 2011.
S'IL EXISTE UN MILITANT QUI A ÉTÉ AUX MANETTES POLITIQUES DANS L'HISTOIRE DU SERPENT DE MER QU'EST LA RÉUNIFICATION DE LA BRETAGNE, **C'EST LUI** !
LE GAILLARD N'A JAMAIS EU SA LANGUE DANS SA POCHE, VOICI UNE NOTE QU'IL A FAIT CIRCULER AU SEIN DE LA CLASSE POLITIQUE EN 2001 :
Ce sentiment d'identification à la Bretagne et le souhait d'une adéquation des institutions régionales en ce sens est spontanément et clairement exprimé par au moins les 2/3 des citoyens en Loire Atlantique : mais cette expression spontanée mériterait, là encore, d'être éclairée par un débat démocratique approfondi qui mesure les avantages et les inconvénients (il y en a forcement !) d'un changement de l'organisation territoriale.
3.2 - Les hypothèses territoriales envisageables :
3.2.1 - Maintien du statu quo :
Curieusement, depuis la réouverture politique du débat, aucune voix ne s'est élevée, pas même au sein du Conseil Régional des Pays de la Loire pour en défendre la pertinence. Ceci jette une lumière crue sur l'étonnant aveuglement du microcosme politique régional pendant trente ans ou sa soumission à un fonctionnement quasi féodal de nos institutions.
CE PATRICK MARESCHAL A BEAUCOUP DE CHOSES À NOUS APPRENDRE... ON LE CONVOQUE OU ON LE PREND EN FILATURE ?
DU CALME... PHILIPPE EST SUR LE COUP.
IL A RENDEZ-VOUS AVEC LUI AUJOURD'HUI.
AU MÊME MOMENT À NANTES...
OUI ?
MARESCHAL
BZZZ
BONJOUR MONSIEUR, C'EST PHILIPPE CRÉHANGE.
AAAH ! JE VOUS ATTENDAIS !... ENTREZ !

JE NOUS AI PRÉPARÉ DU CAFÉ.
CUI !! CUIIII !!!
?
NOUS AVONS RETRACÉ L'HISTOIRE DE LA MOBILISATION POUR LA RÉUNIFICATION.
FORCE EST DE CONSTATER QUE VOUS ÊTES PRÉSENT D'UN BOUT À L'AUTRE DE L'HISTOIRE ET...
CETTE HISTOIRE, C'EST **MON** HISTOIRE.
ELLE COMMENCE EN CHARENTE-MARITIME.
CE N'EST PAS ANECDOTIQUE DE PRÉCISER CELA...
... CERTAINS DE MES OPPOSANTS ONT DIT QU'IL FALLAIT ÊTRE NÉ EN BRETAGNE POUR POUVOIR PARLER RÉUNIFICATION.
FOUTAISES !!!
?
ET DONC VOUS...
EN FAIT NON.
L'HISTOIRE PART DE MA GRAND-MÈRE PATERNELLE QUI ÉTAIT NANTAISE.
JE ME SOUVIENS DE VACANCES CHEZ ELLE... NON ! ...
NON, ELLE DÉMARRE PLUTÔT DE MON ARRIÈRE GRAND-PÈRE QUI LUI ÉTAIT DE LA GACILLY...
?

CE QUI M'INTERROGE PARTICULIÈREMENT C'EST **LA LONGÉVITÉ DE VOTRE COMBAT**...
EN FAIT, JE CROIS QUE L'HISTOIRE COMMENCE VRAIMENT AVEC MON PÈRE. IL NOUS A TOUJOURS PARLÉ DE LA BRETAGNE... ON PASSAIT NOS VACANCES À QUIBERON. **J'ADORAIS** ! ET PUIS...
... UN JOUR, C'ÉTAIT EN 1950, J'ÉTAIS ALORS EN 6e À ROYAN, MON PÈRE A DIT :
« **ON RETOURNE VIVRE EN BRETAGNE** ! »
JUSQUE-LÀ, JE FANTASMAIS LA BRETAGNE. **NOUS ALLIONS ENFIN LA VIVRE** !!!
NANTES ET SES DENTELLIÈRES SUR LA PLACE ROYALE, NANTES ET SES VENDEUSES DE SARDINES...
MAIS...
NON !
?
CETTE HISTOIRE DÉBUTE PRÉCISÉMENT AU JARDIN DU MUSÉE DOBRÉE À NANTES. OUI, C'EST CELA. JE ME SOUVIENS DE CETTE INSCRIPTION SUR LE FRONTON : « **ANN DIANAF A ROG AC'HANOUN** » MON PÈRE AVAIT UN DICO BRETON. J'AI ESSAYÉ DE DÉCHIFFRER...
ET... QU'EST-CE QUE CELA SIGNIFIE ?...
L'INCONNU ME DÉVORE !

CUÏÏÏ !! CUÏÏÏ !!!
?!
HUM!... OUI, ET DONC, LA LONGÉVITÉ DE VOTRE...
MOI, J'ÉTAIS DIRECTEUR DE L'OBSERVATOIRE ÉCONOMIQUE DE L'OUEST DANS LES ANNÉES 70.
J'AI RENCONTRÉ UN CERTAIN YANN POUPINOT. IL ÉTAIT CHARGÉ DE MISSION À L'ORGANISME RÉGIONAL D'ÉTUDE ET D'AMÉNAGEMENT D'AIRE MÉTROPOLITAINE.
?
ON A ÉCHANGÉ PUIS PARLÉ DE LA BRETAGNE ET ENFIN CRÉÉ UN GROUPE DE RÉFLEXION AVEC QUELQUES AUTRES COMME YVES LAINÉ QUI ÉTAIT ALORS DIRECTEUR COMMERCIAL DU PORT AUTONOME...
YANN POUPINOT A FAIT PARTIE DE L'INSTITUT CELTIQUE, FONDÉ EN 1941 SOUS L'OCCUPATION. ROPARZ HEMON A DIRIGÉ CE MOUVEMENT. YANN FOUÉRÉ Y A AUSSI CONTRIBUÉ. SI LA BRETAGNE A NOURRI LES EFFECTIFS DE LA RÉSISTANCE, CES DEUX DERNIERS ONT ÉTÉ IMPLIQUÉS DANS LA COLLABORATION.
_AVEC FOUÉRÉ, POUPINOT A CONTRIBUÉ À LA CRÉATION DU MOUVEMENT POUR L'ORGANISATION DE LA BRETAGNE. CE MOUVEMENT FÉDÉRALISTE A D'ABORD RASSEMBLÉ DES PERSONNES DE TOUS HORIZONS, DES ANCIENS RÉSISTANTS MAIS AUSSI D'ANCIENS COLLABOS...
LE MOB SE VOULAIT APOLITIQUE MAIS IL A RAPIDEMMENT PÉRICLITÉ.
DES JEUNES DE GAUCHE ONT CLAQUÉ LA PORTE POUR FONDER L'UNION DÉMOCRATIQUE BRETONNE... D'AUTRES ONT ÉVOLUÉ DANS DES MOUVEMENTS NATIONALISTES D'EXTRÊME-DROITE.
BLABLABLABLA BLABLABLA BLA BLA BLA...

CUÏÏÏ !!! CUÏÏÏ !!!
POUPINOT, VOUS AVEZ DIT ?!
OUI, POUPINOT AVAIT FAIT UN LIVRE SUR LE SENTIMENT D'APPARTENANCE BRETONNE EN LOIRE-ATLANTIQUE.
IL NE PARLAIT PAS DE SON PASSÉ...
JE N'AI APPRIS PLUS TARD, APRÈS SA MORT, QU'IL AVAIT FAIT PARTIE DE L'INSTITUT CELTIQUE...
...CE N'ÉTAIT ÉVIDEMMENT PAS MA TASSE DE THÉ.
CE MOUVEMENT A FAIT DU MAL À LA BRETAGNE ET À NOS COMBATS POUR LA CAUSE BRETONNE. LONGTEMPS, LES JACOBINS NOUS ONT RENVOYÉS À L'INSTITUT CELTIQUE, À VICHY, BREIZ ATAO OU ENCORE AU BEZEN PERROT, CE GROUPEMENT DE PARAMILITAIRES BRETONS INTÉGRÉS À L'ARMÉE NAZIE...
MAIS VOUS, PATRICK, ÉLU DE GAUCHE, VOUS AVEZ MILITÉ POUR UNE BRETAGNE À CINQ TOUTE VOTRE VIE... COMMENT AVEZ-VOUS RÉUSSI À GARDER LA FOI ?
JE SUIS D'UNE NATURE OPTIMISTE, PHILIPPE !
JE ME SUIS TOUJOURS RACCROCHÉ AUX PROGRÈS EN MATIÈRE DE PRISE DE CONSCIENCE.

AU FIL DES DÉCENNIES, L'OPINION PUBLIQUE N'A PAS OUBLIÉ CE SENTIMENT **D'EXISTENCE DE LA BRETAGNE**...
LES JEUNES MILITANTS SE SENTENT TOUT AUTANT BRETONS QUE LES ANCIENS.
ET LE SUJET POLITIQUE EST TOUJOURS PRÉSENT DANS LES DÉBATS.
ET CETTE FOIS-CI, VOUS Y CROYEZ ?
JE VEUX DIRE, VOUS Y CROYEZ PLUS QUE JAMAIS ?
ON A PARFOIS L'IMPRESSION QUE LES CHOSES NE BOUGENT PAS, MAIS L'HISTOIRE CONNAÎT DES ACCÉLÉRATIONS INATTENDUES !
REGARDEZ LA CHUTE DU MUR DE BERLIN...
PERSONNE N'IMAGINAIT UN TEL BOULEVERSEMENT DU PAYSAGE EUROPÉEN !
CET ENSEMBLE DE JEUNES COMPÉTENTS ET CRÉATIFS COMME "À LA BRETONNE", QUI REPREND LE FLAMBEAU ME DONNE DE L'ESPOIR !
J'ESPÈRE VOIR LA RÉUNIFICATION DE MON VIVANT...
MAIS CE N'EST PAS SÛR...
JE VIEILLIS...

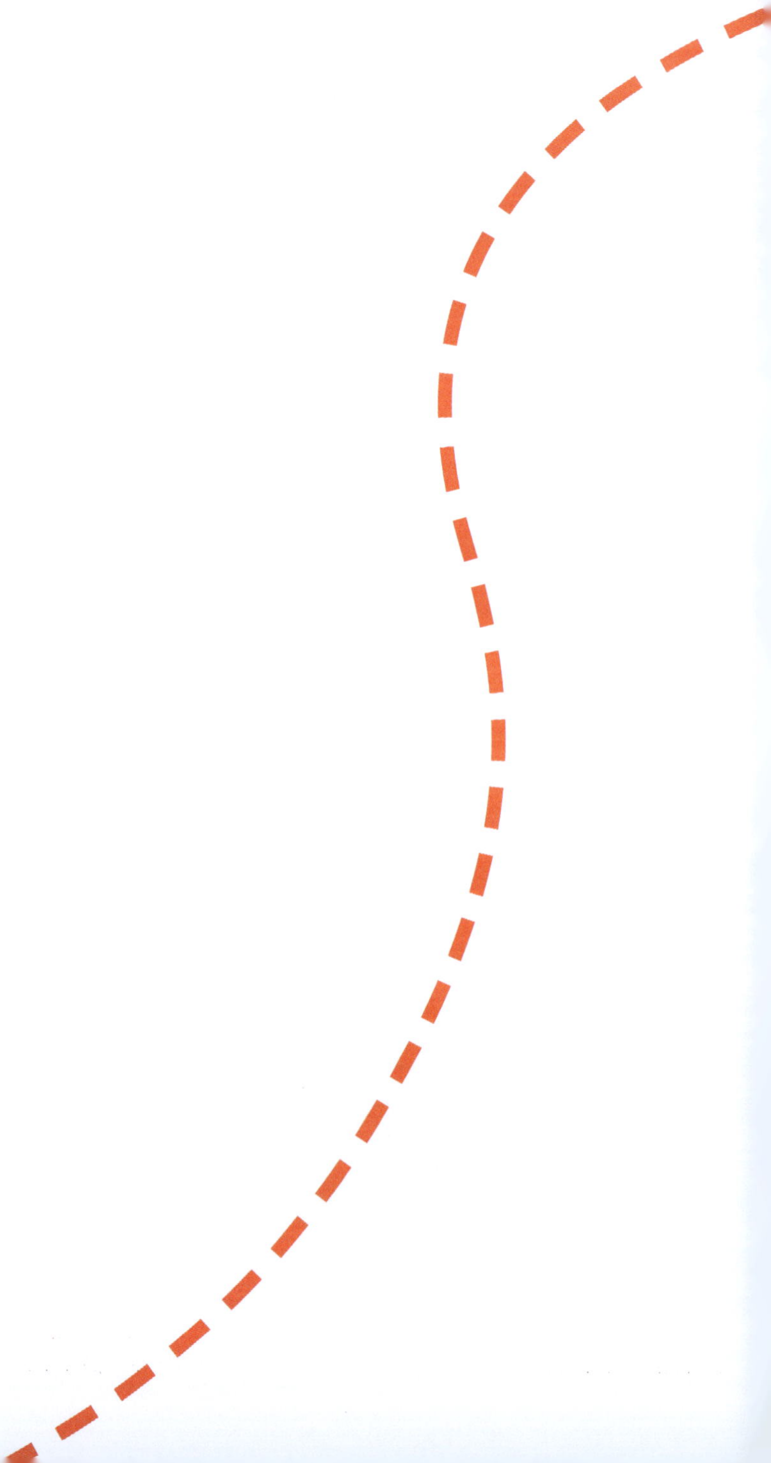

CHAPITRE 2
UN SENTIMENT D'APPARTENANCE

JANVIER 2021
GARE DE DOL-DE-BRETAGNE
GARE DE DOL-DE-BRETAGNE ET DE LA BAIE DU MONT-SAINT-MICHEL
Accès aux trai
Trains • Zu den Zügen
Sortie
Rue Pierre Sé
Place de la ga
Exit • Ausgang

LE COLA DU PHARE OUEST
Cola
♩ DING DING DONG ♫ « LE TRAIN EN PROVENANCE DE SAINT-MALO ET À DESTINATION DE RENNES VA ENTRER EN GARE VOIE B, ÉLOIGNEZ-VOUS DE LA BORDURE DU QUAI S'IL VOUS PLAÎT ! »
TGV 8167/HDP/
11
RENNES
ROAZHON

La frontière bretonne
Philippe, Eudes ...
Je suis malouin. Bizarrement je me suis toujours senti plus proche d'un Quimpérois qui habite à plus de 3 heures de route que d'un Granvillais qui loge de l'autre côté de la baie du Mont Saint Michel. Pourquoi ?...
Sans doute parce que l'on partage un même sentiment breton.
La frontière bretonne
Benjamin, Eudes ...
Benjamin
Sans doute parce que l'on partage un même sentiment breton.
La réunification de la Bretagne n'est pas tant une question de frontière ou de territoire mais d'affect... Jusqu'où se sent-on majoritairement breton ?
BZZZ
La frontière bretonne
Benji, Phil ...
BZZZ
Phil
La réunification de la Bretagne n'est pas tant une question de frontière ou de territoire mais d'affect... Jusqu'où se sent-on breton ?
Comment se sent-on breton?

La frontière bretonne
Benji, Phil…
Comment se sent-on breton ?
Benji
Morvan Lebesque
Comment peut-on être breton ?
Essai sur la démocratie française
Préface de Gwenc'hlan Le Scouëzec
Lis ça.
Benji
Je vous laisse, je vais interviewer le président de la région Loïg CHESNAIS-GIRARD suite à son livre "Le souffle breton". A+ !!!

HOTEL DE RÉGION
RENNES.
MONSIEUR KELTZ EST ARRIVÉ, MONSIEUR CHESNAIS-GIRARD...
MONSIEUR KELTZ, JE VOUS ATTENDAIS.
ENTREZ, ENTREZ !
MERCI DE ME RECEVOIR !
JE VOUS EN PRIE, VOYONS.
JE VENAIS DE PRÉPARER DU CAFÉ. EN VOULEZ-VOUS ?
VOLONTIERS ! MERCI.
VOUS PRENEZ DU SUCRE ?
NON MERCI.
DITES, JEAN-YVES LE DRIAN ET ICI FRANÇOIS HOLLANDE... QUE DE CHEMIN PARCOURU DEPUIS LA MAIRIE DE LIFFRÉ !
HAHA !

JE DISCUTE AVEC TOUT LE MONDE, MONSIEUR KECTZ, ET VOUS AVEZ JE CROIS DES QUESTIONS À ME POSER SUR UN SUJET QUI ME TIENT À COEUR...
EN EFFET !
AH ! JE VOIS QUE VOUS VOUS ÊTES PROCURÉ MON LIVRE !...
VOUS L'AVEZ LU ?
OUI, BIEN SÛR...
AVANT LES ÉLECTIONS RÉGIONALES, J'AVAIS BESOIN DE ME LIVRER...
... DE FIGER MA PENSÉE POUR LA BRETAGNE ...
... DE CONVAINCRE DE MON ENTHOUSIASME !

BLABLABLA… BLABLABLA… BLABLA BLA… BLABLABLA… BLABLABLA… BLA…
MODÈLE AGRICOLE PRODUCTIVISTE
BLABLABLA… BLABLABLA… BLABLA BLA… BLABLABLA… BLABLABLA… BLA…
CONVAINCRE LE GOUVERNEMENT
BLABLABLA… BLABLABLA… BLABLA BLA… BLABLABLA… BLABLABLA… BLA…
AUTONOMIE ?
BLABLABLA… BLABLABLA… BLABLA BLA… BLABLABLA… BLABLABLA… BLA…
BLABLABLA… BLABLABLA… BLABLA BLA… BLABLABLA… BLABLABLA… BLA…
CHOIX DIFFICILES
BLABLABLA… BLABLABLA… BLABLA BLA… BLABLABLA… BLABLABLA… BLA…
PARIS N'A PAS CONFIANCE
BLABLABLA… BLABLABLA… BLABLA BLA… BLABLABLA… BLABLABLA… BLA…
RÉGIONALISONS !
BLABLABLA… BLABLABLA… BLABLA BLA… BLABLABLA… BLABLABLA… BLA…
LE DÉBAT DE LA RÉUNIFICATION NE FIGURE PAS DANS VOTRE OUVRAGE…
J'AI TENU DES POSITIONS CLAIRES À CE SUJET CES DERNIERS MOIS,
LA RÉUNIFICATION ?…
C'EST LE SENS DE L'HISTOIRE !!

NE SOUHAITEZ-VOUS PAS ÊTRE L'HOMME QUI PERMETTRAIT LA BRETAGNE À CINQ ?
APRÈS AVOIR ACCÉDÉ À DES RESPONSABILITÉS TRÈS IMPORTANTES, UN HOMME POLITIQUE AVAIT ANNONCÉ EN COUVERTURE DU MAGAZINE "BRETONS" VOULOIR PORTER CE DÉBAT...
FRANÇOIS DE RUGY QUI ÉTAIT ALORS PRÉSIDENT DE L'ASSEMBLÉE NATIONALE, NON ?
C'EST EXACT. EN OCTOBRE 2017.
LES PROMESSES N'ONT PAS ÉTÉ TENUES...
EN TANT QUE PRÉSIDENT DE RÉGION, JE NE VEUX PAS JOUER À CE JEU.
JE N'AI PAS D'ARMÉE POUR ENVAHIR LA LOIRE-ATLANTIQUE...
JE NE VAIS PAS ME POUSSER DU COL ET FAIRE SEMBLANT D'AVOIR LES MANETTES...
J'AI LA CAPACITÉ DE PRODUIRE UN DISCOURS POLITIQUE COHÉRENT.
NOUS AVONS BESOIN D'UN VOTE CITOYEN EN LOIRE-ATLANTIQUE ET DANS LES QUATRE AUTRES DÉPARTEMENTS CONCERNÉS.
JOHANNA ROLLAND A OUVERT UNE PORTE LORS DES ÉLECTIONS MUNICIPALES...
JE COMPTE M'Y ENGOUFFRER !
JE ME REFUSE CEPENDANT À UTILISER LE RESSORT DE LA RÉUNIFICATION POUR FAIRE VIBRER LA BRETAGNE.

BLABLABLA ,,, LE DRIAN ,,, BLABLABLA BLABLABLABLABLA ,,, BLABLABLABLABLA ,,, BLABLA ,,, BLABLABLABLABLA ,,, IDENTITÉ ,,, BLABLABLABLA ,,, BLABLABLA ,,, BLABLABLA ,,, BLABLABLABLABLA BLA ,,, DÉSÉQUILIBRE DÉMOGRAPHIQUE ,,, BLA BLABLABLA ,,, BLABLABLABLA ,,, BLABLABLABLABLA ,,,
BLABLA ,,, SOCIALE DÉMOCRATIE ,,, BLABLA BLABLABLABLABLABLA ,,, BLABLABLABLABLA ,,, BLABLABLA ,,, LANGUES ,,, BLABLABLABLABLA ,,, BLABLABLABLA ,,, BLABLABLA ,,, BLABLABLABLA ,,, BLABLABLA ,,, LOGER ,,, BLABLABLA ,,, BLA BLABLABLABLA ,,, BLABLABLA ,,, BLABLABLA
MERCI D'AVOIR PRIS LE TEMPS DE RÉPONDRE À MES QUESTIONS !
NATURELLEMENT, AVEC PLAISIR !
VOUS AVEZ VU QUI A PRÉFACÉ MON LIVRE ?
OUI, ERIK ORSENNA,
PAS SÛR QUE ÇA SUFFISE À VOUS FAIRE GAGNER L'ÉLECTION RÉGIONALE ,,,
JE SUIS PRÊT À FAIRE CAMPAGNE POUR PLUS DE BRETAGNE ET MOINS DE PARIS !
ÇA RESSEMBLE À UN SLOGAN, ÇA !
LA PROCHAINE FOIS QU'ON SE VOIT, VOUS RÉCLAMEREZ L'AUTONOMIE DE LA RÉGION !
DE RETOUR AU QG ,,,
SALUT TOUT LE MONDE !
'LUT,
SALUT BENJAMIN ! JE REVIENS TOUT JUSTE D'UNE NOUVELLE CONFÉRENCE DE "À LA BRETONNE" ,,,

APRÈS NANTES, LES MILITANTS MANOEUVRENT DÉSORMAIS DANS LES COULISSES DU CONSEIL MUNICIPAL RENNAIS... ILS VONT PROPOSER UN VOEU POUR QUE LA VILLE APPUIE LEUR DEMANDE DE RÉFÉRENDUM,
LA MAIRE, NATHALIE APPÉRÉ, EST OPPOSÉE À LA RÉUNIFICATION...
C'EST LÀ QUE C'EST INTÉRESSANT :
"À LA BRETONNE" A RÉUNI SUFFISAMMENT D'ÉLUS D'OPPOSITION DE DROITE, DU CENTRE, DES ÉCOLOS... POUR QUE LE VOEU SOIT ADOPTÉ **SANS** LE SOUTIEN DE LA MAIRE DE RENNES ET SON ÉQUIPE !
ET TOI ALORS, AVEC CHESNAIS-GIRARD ?
LA RÉUNIFICATION N'EST PAS SA PRIORITÉ BIEN QUE SELON LUI, LA BRETAGNE À CINQ RELÈVE DU **SENS DE L'HISTOIRE**...
ET IL A RAISON !!
?!
?!

"L'HISTOIRE DE LA BRETAGNE EST CELLE D'UNE DÉCHÉANCE, OR, ELLE TIENT EN QUELQUES MOTS, CONNUS DE TOUS ET TELS QU'EN LES ALIGNANT AU TABLEAU NOIR, ILS S'ENCHAÎNERAIENT DANS UNE IMPLACABLE ÉQUATION :
?!
?!
LA BRETAGNE A D'ABORD ÉTÉ UN ÉTAT, PUIS UNE PROVINCE, PUIS UNE RÉGION, ET MAINTENANT, ELLE N'EST MÊME PAS L'OUEST, MAIS QUELQUE CHOSE QUELQUE PART DANS L'OUEST, CONFONDU, ANONYME."
TU DEVRAIS TE LANCER EN POLITIQUE !!!
CES PROPOS NE SONT PAS DE MOI MAIS DE MORVAN LEBESQUE.
IL A ÉCRIT ÇA EN MAI 68 DANS "LE PEUPLE BRETON" AVANT SON "COMMENT PEUT-ON ÊTRE BRETON ?"
ET SI VOUS VOULEZ MON AVIS, LA QUESTION DE FOND DE NOTRE SUJET N'EST PAS "COMMENT" MAIS "POURQUOI" SE SENT-ON BRETON.
LE POSITIONNEMENT DE LA FRONTIÈRE CONTINUE D'INTERROGER PARCE QU'IL QUESTIONNE NOTRE IDENTITÉ. NOUS SOMMES DANS UN SUJET AFFECTIF...
... ET À MON SENS, CET AFFECT EST NOTAMMENT LE FRUIT DE L'HISTOIRE.
ALLEZ, BONNE NUIT !

FILLE DU DUC FRANÇOIS II ET DE SA SECONDE ÉPOUSE, LA PRINCESSE DE NAVARRE MARGUERITE DE FOIX, ANNE DE BRETAGNE NAÎT SELON LES SOURCES LE 25 OU 26 JANVIER 1477 AU CHÂTEAU DES DUCS DE BRETAGNE À NANTES...
NOMINOË
HISTOIRE BRETAGNE
M'EN VEUX PAS, ANNE, MAIS JE LIRAI LA SUITE DEMAIN... AU DODO !
LE SENS DE L'HISTOIRE... LE SENS DE L'HISTOIRE... LE SENS DE L'HISTOIRE...
QU'EST-CE QUE C'EST QUE CETTE ODEUR NAUSÉA...
SNIF SNIF
...AAAAAAH !!
GRÜT !
GRÜT ?!
COUIC
?!!
BONJOUR,
B.. B... B... BONJOUR...

TU VIENS DE LOIN, BRAVE HOMME, POUR ENTENDRE LA **VÉRITÉ** AU SUJET DE LA **FRONTIÈRE BRETONNE**...
ON M'A MISSIONNÉ POUR TOUTTE RÉVÉLER.
?!
RETIRE TES FRUSQUES.
SI ON TE VOIT VÊTU AINSI, ON VA TE PRENDRE POUR UN HÉRÉTIQUE.
TIENS.
ENFILE CETTE TENUE ET SUIS-MOI.
?!!
M... MAIS... **ON EST OÙ** ?
ET VOUS, VOUS ÊTES **QUI** ?!!
APPELLE-MOI CHEVALIER...
... ET LA VRAIE QUESTION, C'EST :
QUAND SOMMES-NOUS ?!

NOUS SOMMES LE 22 NOVEMBRE 845 APRÈS J.-C., NON LOIN DE L'ABBAYE DE BALLON OÙ VIENT DE SE TERMINER LA BATAILLE OPPOSANT LES TROUPES FRANQUES DE CHARLES LE CHAUVE À L'ARMÉE BRETONNE DE NOMINOË ...
ET... QUI A GAGNÉ ?
NOMINOË.
IL EST EN TRAIN DE FÊTER SA VICTOIRE...
... C'EST LUI QUE NOUS ALLONS VOIR.
ON AURAIT PU COMMENCER PAR LES CELTES PUIS PAR LES CLANS GAULOIS EN ARMORIQUE ET ENFIN PAR LA PÉRIODE APRÈS LA CHUTE DE L'EMPIRE ROMAIN D'OCCIDENT AVEC L'IMMIGRATION MASSIVE DE BRETONS EN ARMORIQUE, QUI DEVIENT BRITANIA VERS LE Ve-VIe SIÈCLE, MAIS À MON AVIS, LES RÉPONSES COMMENCENT PAR LUI ...
IL EST NÉ DANS LE POHER, DANS LA RÉGION CENTRE-BRETAGNE.
IL EST COMTE DE VANNES...
TIENS REGARDE, C'EST LUI !!
D'ICI PEU, NOMINOË SERA NOMMÉ ROI DE BRETAGNE PAR L'ARCHEVÊQUE DE DOL-DE-BRETAGNE... LE PREMIER ROI DE BRETAGNE, LE PÈRE DU ROYAUME DE BRETAGNE !!!
LA CLASSE !

REGARDE ÇA ...
EN ROUGE C'EST LE ROYAUME DE BRETAGNE. L'ANNÉE PROCHAINE, NOMINOË PRENDRA **RENNES** ET **NANTES**. LE ROYAUME VA S'ÉLARGIR À LA ZONE VERTE ...
La Bretagne de Nominoë (845)
Acquisitions au traité d'Angers (851)
Cotentin
NORMANDIE
Avranchin
MAINE
Domnonée
Rennais
Cornouaille
Vannetais
ANJOU
Nantais
Pays de Retz
POITOU
ENSUITE, NOMINOË VA S'EMBALLER, SE MONTRER TROP GOURMAND ET CALANCHER DANS UNE BATAILLE DU CÔTÉ DE VENDÔME ...
AAAH, L'EXCÈS DE CONFIANCE !
NE T'INQUIÈTE PAS, MON FILS **ERISPOË** VA PRENDRE LA RELÈVE !!! ...
?
... ENFIN, LUI AUSSI VA SE FAIRE AVOIR, EMPOISONNÉ PAR SON COUSIN **SALOMON**... VOUS L'CROYEZ ÇA ?!
TSSS... Y'A PLUS DE RESPECT.
CONDOLÉANCES.
ET LES DÉLIMITATIONS DE LA BRETAGNE ? ELLES ÉVOLUENT APRÈS ? ...
GROSSO MODO LE ROYAUME RESTE CELUI-CI.

VOUS BUVEZ QUELQUE CHOSE LES GARS ?
NON, MERCI. ON DOIT Y ALLER. ON A ENCORE PAS MAL DE ROUTE À FAIRE...
OOOH... ALLEZ !
T'ES PAS FUN... C'EST PAS TOUS LES JOURS QU'ON PEUT BOIRE UN COUP AVEC UN ROI...
BON, ON VA OÙ MAINTENANT ?
ENFIN... ON VA **QUAND** ?
QUELQUES SIÈCLES PLUS TARD...
T'AS PRÉVU DES CHEVAUX J'ESPÈRE ?! JE VAIS PAS MARCHER PENDANT DES SIÈCLES, J'TE LE DIS TOUT D'SUITE !!!
J'AI MIEUX QUE ÇA...
BIP BIP
NOM DE ZEUS !!!
ALLEZ, EN ROUTE, DÉPÊCHONS-NOUS ! J'AI PAS ENVIE D'ÊTRE LÀ QUAND LES VIKINGS DÉBARQUERONT !... CEUX-LÀ ONT FICHU UN SACRÉ BAZAR DANS LA RÉGION.

DÉSORMAIS, LE ROYAUME EST DEVENU UN **DUCHÉ**.
EH ! REGARDE ! Y'A UN MEC QUI FAIT DU STOP LÀ-BAS, ON DIRAIT.
C'EST **ALAIN BARBETORTE**, PREMIER DUC DE BRETAGNE, UN NANTAIS. NOUS DEVONS ÊTRE EN **939**...
BONJOUR ! ON PEUT VOUS DÉPOSER QUELQUE PART ?
PLUTÔT LA MORT QUE LA SOUILLURE !!!
?!
IL EST BOURRÉ, TU CROIS ?
HAHAHA, NON ! C'EST UNE DES DEVISES DU DUCHÉ.
QUELLES SONT LES LIMITES DU DUCHÉ ?
JUSQU'À LA FIN DU DUCHÉ EN **1532**, LA BRETAGNE VA ÊTRE PLUS OU MOINS INDÉPENDANTE.
CE N'EST PAS DE TOUT REPOS.
LES NORMANDS, LES ANGLAIS ET BIEN SÛR LES FRANÇAIS LORGNENT LES TERRES BRETONNES **DONT LE PAYS NANTAIS FAIT PARTIE**...

EH MAIS !... C'EST LE CHÂTEAU DES DUCS, NON ?
NOUS SOMMES ARRIVÉS.
TOUT À FAIT, NOUS SOMMES À NANTES.
LE 8 JANVIER 1499.
JE DOIS TE PRÉSENTER QUELQU'UN DE TRÈÈÈS IMPORTANT ! ATTENDS-MOI ICI, JE REVIENS TOUT DE SUITE.
TU BOUGES PAS HEIN ?!
OK, OK !
J'IRAIS BIEN FAIRE UN TOUR, MOI ! JE N'AURAIS QU'À REVENIR AU MOMENT OÙ ON EST ARRIVÉ ET IL N'EN SAURA RIEN ! HÉHÉ ! NI VU NI CONNU !
VOYONS VOIR... 12 JUILLET 1998 STADE DE FRANCE...
?!
HUM ! HEU... BONJOUR.
BONJOUR ! EUDES, ENCHANTÉ !
MOI, C'EST ANNE, EN RETARD...
JE PEUX VOUS DÉPOSER QUELQUE PART, PEUT-ÊTRE ?
J'AI UN RENDEZ-VOUS URGENT AU CHÂTEAU ET VOUS M'EMPÊCHEZ DE PASSER AVEC VOTRE ENGIN. DÉPLACEZ LE OU J'APPELLE LA GARDE.

HÉ! HO! SUR UN AUTRE TON HEIN!! Y'EN A QUI BOSSENT! J'SUIS EN TRAIN DE FAIRE UN REPORTAGE FIGUREZ VOUS!!!
ET MOI, JE CUEILLE DES PÂQUERETTES PEUT-ÊTRE?!!
À LA GAAAARDE!!!
OH!!!
DITES, IL EST À VOUS LE MÉNESTREL, LÀ?! J'AIME PAS TELLEMENT SA FAÇON DE CHANTER!
J'AI RIEN FAIT, J'TE JURE! J'ÉTAIS EN TRAIN D'ÉCOUTER LA RADIO ET ELLE APPELLE LES KEUFS!!
AAAH! MAJESTÉ VOUS ÊTES LÀ!!! MILLE EXCUSES JE... JE SUIS CONFUS JE...
EUDES! À GENOUX DEVANT LA REINE!
LA REINE?
ÇA VOUS EN BOUCHE UN COIN, HEIN?
ANNE...
...DE BRETAGNE?!
EN PERSONNE.
MES FÉLICITATIONS POUR VOTRE MARIAGE AVEC LE ROI DE FRANCE!
JUSTEMENT, À CE PROPOS, SI VOUS POUVIEZ DIRE À VOTRE TROUBADOUR DE DÉPLACER SON VÉHICULE QUE JE PUISSE ALLER ME MARIER...

POUR ASSURER LA PÉRENNITÉ DE SON DUCHÉ, ANNE A ACCEPTÉ DE ROMPRE SON MARIAGE AVEC MAXIMILIEN D'AUTRICHE QUI DEVAIT LA PROTÉGER AINSI QUE SON DUCHÉ. ELLE DOIT FINALEMENT SE MARIER À CHARLES VIII, ROI DE FRANCE. ELLE A SEULEMENT 15 ANS ET LE SORT DE SON TERRITOIRE SUR LES ÉPAULES... EN S'UNISSANT À CHARLES VIII, ELLE CÈDE SON DUCHÉ MAIS, EN ÉCHANGE, LE ROI RECONDUIT LES PRIVILÈGES DES BRETONS...
15 ANS ?!!
... EN FAIT, LE BOUGRE VEUT INTÉGRER PROGRESSIVEMENT LA BRETAGNE À SON ROYAUME MAIS...
... IL CASSE SA PIPE ET, SELON LES CLAUSES DU CONTRAT DE MARIAGE, ANNE VA POUVOIR REPRENDRE LA MAIN SUR UN DUCHÉ INDÉPENDANT.
BIEN JOUÉ !
J'AI NOMMÉ UN CHEF D'ÉTAT, UN LIEUTENANT GÉNÉRAL, CONVOQUÉ LES ÉTATS DE BRETAGNE ET RELANCÉ UNE MONNAIE.
... ET AUJOURD'HUI, JE ME REMARIE AVEC LOUIS XII ET VAIS NÉGOCIER UN CONTRAT QUI MAINTIENT LES DROITS DU DUCHÉ, TOUJOURS DE BREST À NANTES... MAIS POUR ÇA, IL FAUDRAIT QUE VOUS DÉPLACIEZ VOTRE ENGIN DE **MON** CHÂTEAU !
ON Y VA ON Y VA...
AAAH !... LE CHÂTEAU DES DUCS DE BRETAGNE... IL A MARQUÉ L'HISTOIRE DE NANTES ! ANNE Y EST NÉE, Y A FAIT CONSTRUIRE LE TOMBEAU DE SES PARENTS ET RÉCLAMERA QUE SON COEUR Y REVIENNE À SA MORT.
ELLE DÉCÉDERA LE 9 JANVIER 1514 À L'ÂGE DE 36 ANS.

QUAND JE PENSE QUE J'AI FAIT MA SCOLARITÉ AU LYCÉE ANNE-DE-BRETAGNE À RENNES...
J'AURAIS DÛ LUI DEMANDER UN AUTOGRAPHE...

JUSTEMENT, JE TE RAMÈNE À RENNES, JE VAIS T'EXPLIQUER L'ÉVOLUTION DU DUCHÉ APRÈS SA MORT.

RENNES - PLACE DU PARLEMENT DE BRETAGNE
WAOUH! DÉJÀ ?!!
T'ES VACHEMENT PLUS EFFICACE QUE LA SNCF, TOI !!!
M'EN PARLE PAS... LA LIAISON RENNES/NANTES EST JUSTE AFFREUSE !

APRÈS LE MARIAGE D'ANNE AVEC LOUIS XII, LE PARLEMENT DE BRETAGNE S'EST REMIS EN ROUTE... MÊME APRÈS L'INTÉGRATION DU DUCHÉ DANS LE ROYAUME DE FRANCE EN 1532, CET ENDROIT VA FONCTIONNER.
EH! LE O'CONNELL'S EST OUVERT! VIENS, J'TE PAIE UN COUP!

JUSQU'À LA RÉVOLUTION, LES AFFAIRES DE LA RÉGION VONT ÊTRE GÉRÉES ICI.
QUAND JE DIS LA RÉGION, JE PARLE D'UNE BRETAGNE INCLUANT LA LOIRE-ATLANTIQUE.
ET APRÈS ?

APRÈS 1790, LA BRETAGNE NE SERA PLUS VRAIMENT LA BRETAGNE, ELLE N'EST PLUS UNE ENTITÉ INDÉPENDANTE AVEC DES CONTOURS PROPRES. POLITIQUEMENT, ELLE N'A PLUS DE POIDS. LES CINQ DÉPARTEMENTS CRÉÉS NE SE RETROUVENT PLUS QUE DANS LA COUR D'APPEL. LA LANGUE BRETONNE EST GOMMÉE PEU À PEU, COMME LA CULTURE RÉGIONALE... NÉANMOINS, LES CINQ DÉPARTEMENTS CONTINUENT DE VIVRE ENSEMBLE COMME PAR RÉFLEXE PENDANT DES DÉCENNIES.
C'EST CE QU'ON APPELLE ...
... LE POIDS DE L'HISTOIRE
5 HEURES DU MAT ?! PFFFOUUU... TROP TÔT POUR MOI...
AAAAAAAAA!!!
JE PEUX RESTER UN PEU POUR CONNAÎTRE LA FIN DE L'HISTOIRE ?

UN DÉCONFINEMENT PLUS TARD EN 2021
J'TE JURE !! ELLE ÉTAIT LÀ !!
AUSSI VRAI QUE JE TE VOIS !!!
ANNE DE BRETAGNE EN CHAIR ET EN OS !!!
IL Y AVAIT AUSSI UN GRAND TYPE QUI S'APPELAIT CHEVALIER, IL ÉTAIT HABILLÉ EN CHEVALIER ET CONDUISAIT LA BAGNOLE DE RETOUR VERS LE FUTUR !
TU VOIS LE TRUC ?!
HMM...
ET À UN MOMENT, ON A...
OK EUDES, TU ME RACONTERAS LA SUITE PLUS TARD.
ON ARRIVE.
D199
VANNES
gwened
ON PARLE SOUVENT DE RENNES ET DE NANTES COMME CAPITALES HISTORIQUES DE LA BRETAGNE MAIS FIGURE-TOI QUE VANNES A AUSSI ACCUEILLI LE PARLEMENT DE BRETAGNE AU XVIIe SIÈCLE...
MAIS T'EN PENSES QUOI DE MON HISTOIRE ?!

J'AI L'IMPRESSION QUE NOTRE ENQUÊTE TE TRAVAILLE... À MON AVIS, LE SENS DE L'HISTOIRE NE DOIT PAS ÊTRE L'ÉLÉMENT CENTRAL DE LA RÉFLEXION. LA DÉTERMINATION DES MILITANTS DE LA BRETAGNE À CINQ DÉPARTEMENTS RELÈVE DAVANTAGE D'UN **SENTIMENT D'APPARTENANCE À LA BRETAGNE**.
"UN SENTIMENT D'APPARTENANCE"?
QU'EST-CE QUE ÇA SIGNIFIE ?
2
TU VAS COMPRENDRE...
BONJOUR !
BONJOUR !
BRETONS MAGAZINE RÉDACTION
MONA OZOUF, YANN QUEFFÉLEC, XAVIER GRALL, ALAN STIVELL, JEAN-YVES LE DRIAN, HUGO ROELLINGER
DOMENECH : "COMMENT JE SUIS DEVENU BRETON"
MIOSSEC : "ÊTRE BRETON, C'EST RASSURANT"
FRANCK LOUVRIER (CONSEILLER DE SARKOZY) : "LA BRETAGNE RÉUNIFIÉE EN 2014"
FRANÇOIS DE RUGY : "JE PROPOSERAI LA RÉUNIFICATION DE LA BRETAGNE"
YANN TIERSEN : "PARLER BRETON EST DEVENU PLUS IMPORTANT QUE MA MUSIQUE"
J'AI RENDEZ-VOUS AVEC DIDIER LE CORRE ET MAIWENN RAYNAUDON-KERZERHO...
BRETONS
"POURQUOI LE MOT BREIZH FAIT VENDRE ?"
"COMMENT EXPLIQUER L'ÉTONNANT SUCCÈS DU GWENN-HA-DU ?"

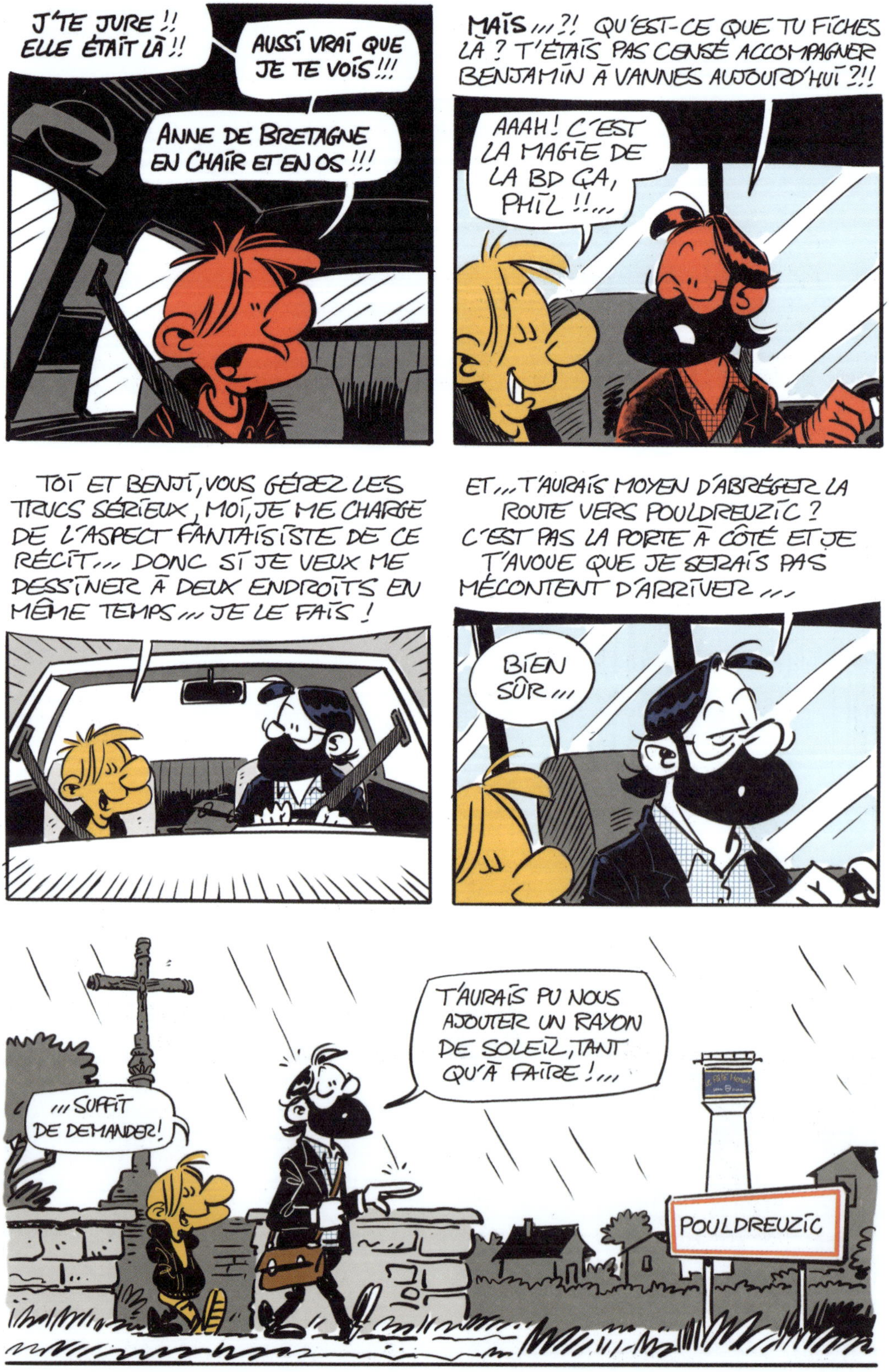
J'TE JURE !! ELLE ÉTAIT LÀ !!
AUSSI VRAI QUE JE TE VOIS !!!
ANNE DE BRETAGNE EN CHAIR ET EN OS !!!
MAIS ...?! QU'EST-CE QUE TU FICHES LÀ ? T'ÉTAIS PAS CENSÉ ACCOMPAGNER BENJAMIN À VANNES AUJOURD'HUI ?!!
AAAH! C'EST LA MAGIE DE LA BD ÇA, PHIL !!...
TOI ET BENJI, VOUS GÉREZ LES TRUCS SÉRIEUX, MOI, JE ME CHARGE DE L'ASPECT FANTAISISTE DE CE RÉCIT... DONC SI JE VEUX ME DESSINER À DEUX ENDROITS EN MÊME TEMPS... JE LE FAIS !
ET... T'AURAIS MOYEN D'ABRÉGER LA ROUTE VERS POULDREUZIC ? C'EST PAS LA PORTE À CÔTÉ ET JE T'AVOUE QUE JE SERAIS PAS MÉCONTENT D'ARRIVER ...
BIEN SÛR...
T'AURAIS PU NOUS AJOUTER UN RAYON DE SOLEIL, TANT QU'À FAIRE !...
...SUFFIT DE DEMANDER!
POULDREUZIC

WAAAH ! VISE LE CHÂTEAU DERRIÈRE !!
"PÂTÉ HÉNAFF, LE PÂTÉ DU MATAF", COMME DIRAIT MON PÈRE !...
ON VA RENCONTRER LE ROI DU COCHON !!!
Le Pâté Hénaff
AVEC FILETS ET JAMBONS
OUI, ENFIN SI TU PEUX METTRE LES FORMES AVEC LOÏC HÉNAFF, S'IL TE PLAÎT...
C'EST PAS N'IMPORTE QUEL PATRON !
NOUS ENTRONS DANS UNE ENTREPRISE EMBLÉMATIQUE BRETONNE...
...ALORS TIENS-TOI À CARREAU !
BONJOUR, NOUS AVONS RENDEZ-VOUS AVEC MONSIEUR HÉNAFF.
HAHA ! TROP STYLÉE LA SCULPTURE !

MONSIEUR HÉNAFF EST À VOUS DANS DEUX MINUTES !
MERCI !
?!
?
PHIL, REGARDE ! UNE PHOTO DÉDICACÉE DE THOMAS PESQUET !
IL EST PARTI DANS L'ESPACE AVEC SA BOÎTE DE PÂTÉ HÉNAFF, TU TE RENDS COMPTE ?!... DANS L'ESPACE !
CALME-TOI UN PEU...
LÀ, IL VA ÊTRE QUESTION DE BRETAGNE À CINQ...
... LOÏC HÉNAFF EST UN FERVENT DÉFENSEUR DE L'IDÉE, IL PLAIDE POUR, À TRAVERS LE LOBBY DE 350 ENTREPRISES BRETONNES QU'IL PRÉSIDE : "PRODUIT EN BRETAGNE".
BONJOUR MESSIEURS !
BONJOUR !

MAIS LA LOIRE-ATLANTIQUE, C'EST LA BRETAGNE !!!
CETTE ÉVIDENCE FIGURE DANS L'ORGANISATION DE "PRODUIT EN BRETAGNE". CETTE RÉALITÉ EST MÊME INSCRITE DANS NOS STATUTS. C'EST UNE FORME DE **RÉALISME CULTUREL**.
ÇA AURAIT ÉTÉ BIZARRE DE CRÉER "PRODUIT EN BRETAGNE" SANS INCLURE **LE SEL DE GUÉRANDE** !
NOMBRE DE PATRONS MEMBRES DE VOTRE ASSOCIATION ONT PRIS PART À DES MANIFESTATIONS POUR APPELER À LA RÉUNIFICATION...
"PRODUIT EN BRETAGNE" TENTE PARFOIS DE METTRE LE DÉBAT SUR LA PLACE PUBLIQUE : ACTION HAPPENING EN 2019 À NANTES, AVEC TEASERS SUR LES RÉSEAUX SOCIAUX... UN PANNEAU AVEC DES POST-IT EN DESSOUS : "**NANTES EST EN BRETAGNE**"
POURQUOI EST-CE SI IMPORTANT POUR DES CHEFS D'ENTREPRISE ?
ÇA PARAÎT BIZARRE D'AVOIR UNE **RÉALITÉ CULTURELLE ET ETHNIQUE DISSONANTE D'UNE RÉALITÉ ADMINISTRATIVE**. ON PARLE DE GENS ET D'UN TERRITOIRE.
UNE **ETHNIE**, C'EST UNE POPULATION QU'ON DÉFINIT PAR SES **CARACTÉRISTIQUES CULTURELLES**.
À FORCE DE NE PAS RÉINTÉGRER LA LOIRE-ATLANTIQUE EN BRETAGNE, ON VA ARRIVER À **AFFAIBLIR UNE RÉALITÉ CULTURELLE**.

CHEZ CERTAINS PATRONS, IL EXISTE UN ANTIPARISIANISME À CAUSE DE DÉCISIONS JACOBINES QU'ON NE COMPREND PAS. LA VRAIE CRISPATION EST PLUTÔT LÀ...
FRANCHEMENT... Y A-T-IL DES INCONVÉNIENTS À NE PAS PROCÉDER À LA RÉUNIFICATION DE LA BRETAGNE ?...
POURQUOI RIEN NE BOUGE, SELON VOUS ?
LES NANTAIS ONT PROBABLEMENT PEUR DE PERDRE DE L'INFLUENCE. SURTOUT LES ÉLUS. JE SUIS TOUJOURS ÉTONNÉ PAR CERTAINES REMARQUES SUR LA CAPITALE UNIQUE... LE MONDE EST FAIT DE TERRITOIRES AVEC TROIS OU QUATRE PÔLES, CE N'EST DONC PAS UN ARGUMENT.
J'AI DU MAL À NE PAS VOIR LA RÉUNIFICATION COMME UNE OPPORTUNITÉ.
QUE FAITES-VOUS CONCRÈTEMENT POUR DÉFENDRE CETTE IDÉE ?
NOUS MILITONS, MAIS NOUS REFUSONS DE BRAQUER LES OPINIONS. "PRODUIT EN BRETAGNE" NE VA PAS METTRE DES BOMBES...
...ON FAIT CEPENDANT SAVOIR QU'ON N'EST PAS TOUT À FAIT D'ACCORD. DE FAÇON DÉMOCRATIQUE ET APAISÉE.
QUANT À L'IDÉE D'UN RÉFÉRENDUM, ON NE PEUT PAS L'ORGANISER COMME ÇA. IL FAUT EXPOSER LE SUJET, OUVRIR LE DÉBAT, CAR IL S'AGIT D'UN SAUT DANS L'INCONNU QUI FAIT PEUR.

AU MÊME MOMENT...
LA QUESTION DE LA BRETAGNE À CINQ NE FAIT PAS DÉBAT À LA RÉDACTION, **C'EST UNE ÉVIDENCE.**
ACTUELLEMENT, DE NOUVELLES FIGURES REPARTENT À L'ASSAUT DE CE SERPENT DE MER, L'ORIENTATION DES DÉBATS SEMBLE PERTINENTE. IL FAUT S'EXTRAIRE DE SON ASPECT HISTORIQUE ET FOLKLORIQUE. **UNE BRETAGNE À CINQ DOIT DEVENIR UN SUJET CONTEMPORAIN.** IL Y A UNE DIMENSION ÉCONOMIQUE ET CULTURELLE FORTE.
LE SUJET RESTE DANS LES ESPRITS MALGRÉ DES DÉCENNIES DE REVERS, CE N'EST PAS LE SUJET DE QUELQUES MILITANTS BRETONS. DES PERSONNALITÉS COMME **JEAN BLAISE**, PROCHE DE JEAN-MARC AYRAULT ET PATRON DES MACHINES DE L'ÎLE, **PARLENT DE NANTES COMME D'UNE VILLE BRETONNE** AVEC ÉVIDENCE. ÇA DÉMONTRE L'IMPORTANCE DU DÉBAT.
SI LE SUJET RESTE ARDENT, C'EST PARCE QU'IL TOUCHE À L'IDENTITÉ BRETONNE.
IL S'AGIT D'UNE QUESTION AFFECTIVE.
SUIS-JE BRETON ?
QUI EST BRETON ?
COMMENT PUIS-JE ÊTRE BRETON ?
JUSQU'À LA CRÉATION DES RÉGIONS, LE SUJET N'ÉTAIT PAS AUSSI IMPORTANT. CHACUN SE RECONNAISSAIT "BRETON" SELON SA DÉFINITION DU TERRITOIRE. L'INSTAURATION DES FRONTIÈRES RÉGIONALES PRÉTEND DIRE QUI EST BRETON OU PAS... ÇA A ÉTÉ VIOLENT POUR CERTAINES PERSONNES QUI VIVENT LEUR IDENTITÉ **COMME UNE PART D'EUX-MÊMES.**

ON VOIT DES DRAPEAUX BRETONS PARTOUT DANS LE MONDE. COMMENT EXPLIQUEZ-VOUS CETTE FIERTÉ D'ÊTRE BRETON ?
78% DES BRETONS SE DISENT ATTACHÉS À LEUR RÉGION.
21 POINTS DE PLUS QUE LA MOYENNE NATIONALE !
L'IDENTITÉ BRETONNE EST VIVACE !
POURQUOI ?
PARCE QU'ON SE SENT "CHEZ SOI" PARTOUT EN BRETAGNE. QUE JE SOIS À GUÉRANDE, SAINT-BRIEUC OU QUIMPER, J'AI CETTE IMPRESSION D'ÊTRE À LA MAISON. ON SE SENT D'ICI, VOILÀ CE QUI SUFFIT À SE REVENDIQUER BRETON.
LA CONSCIENCE DE L'IDENTITÉ PASSE PAR LA LANGUE. NANTES A D'AILLEURS ÉTÉ UNE DES PREMIÈRES VILLES À ACCUEILLIR UNE ÉCOLE DIWAN.
LA LANGUE NOUS UNIT MÊME INDIRECTEMENT LES UNS AUX AUTRES PARCE QU'ELLE A DÉTERMINÉ NOTRE FAÇON DE PARLER, DE RÉFLÉCHIR, LES NOMS DES VILLAGES, LES NOMS DE FAMILLE... MAIS L'IDENTITÉ BRETONNE PASSE AUSSI PAR LA MUSIQUE, LES PAYSAGES, L'HISTOIRE, LA CUISINE, LE CARACTÈRE DE SES HABITANTS, L'ORGANISATION DU TERRITOIRE MAILLÉ PAR UNE MULTITUDE DE VILLES...
SE SENT-ON TOUJOURS BRETON À NANTES ?

LES COLLECTIVITÉS RÉGIONALES ONT PRIS BEAUCOUP DE POUVOIR, L'AFFIRMATION DES PAYS-DE-LA-LOIRE A GOMMÉ L'IDENTITÉ BRETONNE POUR CEUX VIVANT EN LOIRE-ATLANTIQUE.
CES ADMINISTRATIONS ORCHESTRENT LA VIE ET LES LIENS DES TERRITOIRES ENTRE EUX. QUAND ON FAIT DES ÉCHANGES SCOLAIRES, ON LES RÉALISE ENTRE ÉCOLES DE L'ACADÉMIE. QUAND ON ORGANISE UNE COURSE CYCLISTE, ON LE FAIT AU SEIN DU COMITÉ QUI RESPECTE LE DÉCOUPAGE ADMINISTRATIF.
L'ANCIEN MAIRE DE NANTES, JEAN-MARC AYRAULT, A VOULU FAIRE DE SA VILLE UNE MÉTROPOLE MODERNE À L'IMAGE DE BARCELONE OU BERLIN. DANS L'ESPRIT DES ANNÉES 70, **ÊTRE BRETON, C'ÉTAIT ÊTRE UN PLOUC**. SON DISCOURS COMME CELUI DE BON NOMBRE D'ÉLUS CONSISTAIT À DIRE : "**ON NE PEUT PAS RÉDUIRE NANTES À LA BRETAGNE**".
VOUS CROYEZ EN UNE BRETAGNE À CINQ ?
UNE RÉGION FORTE FAIT PEUR. IL Y A TOUJOURS UNE SUSPICION DE SÉPARATISME. ON DOIT TOUJOURS SE JUSTIFIER LORSQUE L'ON ASSUME SON IDENTITÉ. LES BRETONS SOUFFRENT TOUJOURS DES FANTÔMES DE LA SECONDE GUERRE MONDIALE LORSQUE DES NATIONALISTES ONT COLLABORÉ... **C'EST USANT**...
LA BRETAGNE EST POURTANT LA RÉGION LA PLUS CITOYENNE, LA PLUS EUROPHILE, CELLE QUI VOTE LE MOINS POUR LES EXTRÊMES...

ENCORE UN AUTRE DÉCONFINEMENT PLUS TARD
T'AS VU LE TEMPS QU'IL FAIT DEHORS ?! TU VAS PAS RESTER ENFERMÉ ICI TOUT DE MÊME ?!
ALLEZ, JE T'EMBARQUE DANS UN ROAD TRIP ARMORICAIN !!!
QU'EST-CE QUE TU RACONTES ?
ON NOUS PARLE D'HISTOIRE ET DE SENTIMENT D'APPARTENANCE MAIS...
QU'EST-CE QUE LES GENS EN PENSENT, AU JUSTE ?
EST-CE QU'EN LOIRE-ATLANTIQUE ON SE SENT BRETON ?
J'SAIS PAS MOI... Y'A QU'À LEUR DEMANDER.
C'EST JUSTEMENT CE QU'ON VA FAIRE !
BON, TU VIENS OUI OU NON ?
MOUAIS...
TU NE CROIS PAS SI BIEN DIRE !!!
?!
UN PEU PLUS TARD...
NOUS SOMMES ARRIVÉS !
MOUAIS EST UNE COMMUNE LIMITROPHE DE L'ILLE-ET-VILAINE.
NOUS SOMMES EN LOIRE-ATLANTIQUE.
D44
MOUAIS

FIGURE-TOI QU'IL Y A QUELQUES ANNÉES, UN HAMEAU DE LA COMMUNE ÉTAIT SÉPARÉ EN DEUX : D'UN CÔTÉ, LA RÉGION PAYS-DE-LA-LOIRE, ET DE L'AUTRE, LA BRETAGNE.
LE SALON D'UNE MAISON ÉTAIT MÊME COUPÉ EN DEUX !!
LES HABITANTS ONT DEMANDÉ À BASCULER EN BRETAGNE... ILS PRÉFÉRAIENT.
PAR CONTRE, JE VOIS PAS QUI ON VA POUVOIR INTERVIEWER... Y'A PAS UN CHAT !
C'EST L'UN DES PLUS PETITS VILLAGES DE LOIRE-ATLANTIQUE. MOINS DE 400 HABITANTS... ON N'A QU'À SE SÉPARER ET SE RETROUVER DANS 10 MINUTES DEVANT LA MAIRIE.
OK !
ARDOISES SUR LES TOITS, UNE ÉGLISE, UN BISTROT, UN GWENN-HA-DU ACCROCHÉ À LA DEVANTURE DE LA MAIRIE... ÇA RESSEMBLE VACHEMENT À LA BRETAGNE ICI.
VOTEZ MACHIN
TEZ
IN
OUR
NE BRETAGNE RÉUNIFIÉE
BIEN SÛR QU'ON EST EN BRETAGNE ICI !!
MAIRIE
ASSIS !
WAF !

JE ME SENS BRETONNE COMME UNE ÉVIDENCE !
ATTENDEZ, LE CHÂTEAU DES DUCS DE BRETAGNE, IL EST À NANTES, NON ?
SULTAN ! ASSIS !
GRRR !
MOI, JE SUIS DE SION, À QUELQUES KILOMÈTRES. ELLE, ELLE VIT À REZÉ, PLUS AU SUD.
ROÔÔH ! ASSIS !!
SNIF SNIF
LA BRETAGNE, CE N'EST PAS CHEZ MOI. JE ME SENS PLUS PROCHE DE LA VENDÉE.
ET SI UN RÉFÉRENDUM AVAIT LIEU AUJOURD'HUI, VOUS
AH ! JE NE VOTERAIS PAS POUR UN RETOUR DE LA LOIRE-ATLANTIQUE EN BRETAGNE !
EEET...
VOUS VOTERIEZ CONTRE ?
DIRECTION DERVAL MAINTENANT.
LE TEMPLE DE BRETAGNE
DERVAL
MOUAIS
SULTAN ! ICI ! ROÔÔÔH !!!

BISTROT DE DERVAL
BONJOUR ! DEUX CAFÉS S'IL VOUS PLAÎT.
'JOUR.
ALLONGÉ POUR MOI.
'JOUR
'JOUR.
'JOUR.
DITES, NOUS SOMMES JOURNALISTES ET NOUS AIMERIONS SAVOIR CE QUE VOUS PENSEZ DU DÉBAT SUR LA RÉUNIFICATION DE LA BRETAGNE...
HMMM...
MOI, JE VIENS DE RÉGION PARISIENNE. ON EST FRANÇAIS ! VOTRE HISTOIRE, C'EST UN DÉBAT POUR DIVISER LES GENS !...
...ÇA N'INTÉRESSE PAS LES GENS VOTRE HISTOIRE !
MOI J'VOTE PAS ! DONC LE RÉFÉRENDUM, J'Y PARTICIPERAIS PAS.
MAIS SI ON M'OBLIGEAIT...
...JE VOTERAIS POUR REJOINDRE LA BRETAGNE, ÉVIDEMMENT !
BIEN SÛR, C'EST MIEUX D'ÊTRE BRETON ! LÀ-BAS Y'A UNE CULTURE, UNE IDENTITÉ, UNE FIERTÉ, UN PATRIMOINE... ICI ON A QUOI ?
RIEN.
NI BRETON, NI MAYENNAIS, NI VENTRE À CHOUX...
UN RÉFÉRENDUM ?...
...LAISSEZ-MOI RIRE ! ON A VOTÉ POUR L'AÉROPORT... ON AVAIT DIT OUI !... ET ILS ONT FAIT L'INVERSE !
J'VOTE PAS, MOI, T'FAÇON
...

VOUS VOULEZ REJOINDRE LA BRETAGNE ET VOUS PARLEZ PAS BRETON !
AH MAIS MOI, JE NE VEUX RIEN, J'ENQUÊTE.
ET PUIS, EN BRETAGNE ON NE PARLAIT PAS QUE BRETON. ON PARLAIT AUSSI GALLO.
MES GRANDS-PARENTS PARLAIENT BRETON, MAIS L'ÉTAT LEUR A INTERDIT DE LE FAIRE.
JE CROIS QUE JE VOTERAIS POUR QU'ON RESTE COMME ON EST... MÊME SI LES PAYS-DE-LA-LOIRE, C'EST UNE RÉGION QUI NE RESSEMBLE À RIEN.
ÇA SERAIT PLUS COHÉRENT QU'ON RÉINTÈGRE LA BRETAGNE.
PFFF... N'IMPORTE QUOI !..
MAIS SI !
MAIS NON !
BOH, T'FAÇON, MOI, J'VOTE PAS ALORS...
ÇA FAIT DRÔLEMENT CAUSER POUR UN SUJET QUI N'INTÉRESSE PAS LES GENS, EN TOUT CAS !
BIP BIP
EH OUI ! NOUS SOMMES ICI EN DIRECT DE VIGNEUX-DE-BRETAGNE EN LOIRE-ATLANTIQUE. L'ATMOSPHÈRE EST PAISIBLE TANDIS QUE NOTRE REPORTER S'APPROCHE DE LA VÉRITÉ...
HEIN ?!! PARDON ?! TOUT... VA BIEN, EUDES ?!

IL EST 16H43 CE MERCREDI LORSQUE NOTRE JOURNALISTE A POUSSÉ LA PORTE DE LA MÉDIATHÈQUE DE CETTE COMMUNE...
... NOUS ALLONS ENFIN SAVOIR !
BONJOUR !
QUOI ?!! MAIS QU'EST-CE QUE TU RACONTES ?!
RIEN DE SPÉCIAL. ON SILLONNE LA LOIRE-ATLANTIQUE AVEC BENJI POUR PARLER AUX GENS DE LEUR SENTIMENT BRETON.
ON PREND LE POULS DU TERRAIN COMME DIRAIT BENJAMIN.
OOOKAY, VOUS FAITES DU REPORTAGE, QUOI.
ET BAH C'EST BIEN !
BONNE BALADE !
MERCI LES STUDIOS, JE RENDS L'ANTENNE EN DIRECT DE VIGNEUX-DE-BRETAGNE
JE N'AI JAMAIS ENTENDU PARLER DE CETTE ENVIE DE RÉINTÉGRER LA LOIRE-ATLANTIQUE À LA BRETAGNE.
ALORS QUE JE SUIS ORIGINAIRE DE LA COMMUNE.

C'EST VRAI, POURTANT JE ME SENS BRETONNE. JE SUIS ORIGINAIRE DE SAINT-NAZAIRE, MA FAMILLE VIVAIT DANS LE FINISTÈRE.
S'IL Y AVAIT UN RÉFÉRENDUM, SANS DOUTE JE VOTERAIS POUR INTÉGRER LA BRETAGNE.
DEPUIS QUE JE ME SUIS INSTALLÉE EN LOIRE-ATLANTIQUE, CE SUJET ME DÉPASSE... JE N'AVAIS JAMAIS FAIT ATTENTION QUE NOUS VIVIONS DANS UNE COMMUNE QUI S'APPELLE "DE-BRETAGNE"...
ON DOIT DONC ÊTRE UN PEU BRETON...
ÉVIDEMMENT QUE NOTRE HISTOIRE EST BRETONNE !
C'ÉTAIT UNE ÉVIDENCE POUR MES PARENTS ET MES GRANDS-PARENTS.
ILS M'ONT TRANSMIS CETTE BRETONNITUDE.
J'AIMERAIS QUE NOUS FASSIONS PARTIE DE CETTE RÉGION !!!
CHEZ MOI, TOUS LES SAMEDIS, C'EST SOIRÉE CRÊPES !
AH BAH CHEZ MOI, C'EST LE MERCREDI MIDI !
ALLEZ, DERNIÈRE ÉTAPE : LE TEMPLE-DE-BRETAGNE !

LE TEMPLE-DE-BRETAGNE
PMU
BONJOUR !
BONJOUR MESSIEURS.
SALUT.
LORD WASHMOUTH III QUI TENTE DE PRENDRE L'AVANTAGE !... MAIS CÔTÉ CORDE GAMBIT QUEEN, LE FAVORI, QUI ENCLENCHE UNE REMONTÉE !...
DEUX CAFÉS, S'IL VOUS PLAÎT.
ALLEZ !!
DEUX CAFÉS, C'EST PARTI
TURF
DITES, ON TRAVAILLE SUR LA RÉUNIFICATION DE LA BRETAGNE. VOUS AVEZ UN AVIS SUR LE SUJET ?
JE M'APPELLE ERWAN ET J'AI TOUJOURS HABITÉ ICI.
ICI, C'EST LA BRETAGNE.
POINT.
JE SUIS INSTALLÉ ICI DEPUIS ONZE ANS, JE SUIS ORIGINAIRE DE BOURGOGNE.
INTÉGRER LA LOIRE-ATLANTIQUE À LA BRETAGNE SERAIT UNE CHANCE POUR NOTRE DÉPARTEMENT.
OH, AU FAIT, POURQUOI LE VILLAGE S'APPELLE « LE TEMPLE-DE-BRETAGNE » ?
PARCE QUE LES TEMPLIERS !
FAUT ALLER VOIR LA CROIX DU COMMANDEUR, C'EST À 5 MINUTES.

30 MINUTES PLUS TARD...
PFFFOUUU ! C'EST OÙ ?! IL AVAIT DIT TOUT DROIT ET À GAUCHE...
BONJOUR MESDAMES ! EXCUSEZ-NOUS, VOUS SAVEZ OÙ SE TROUVE LA FAMEUSE CROIX ?
?
?
BIEN SÛR ! C'EST LÀ-BAS ! TOUT DROIT ET ENSUITE À GAUCHE.
IL Y A AUSSI LA CHAPELLE DU TEMPLE-DE-BRETAGNE À VOIR.
VOUS Y TENEZ À VOTRE "DE-BRETAGNE" ?
CETTE PRÉCISION A ÉTÉ AJOUTÉE AU XIXe SIÈCLE PARCE QU'IL EXISTAIT PLUSIEURS "TEMPLE" EN FRANCE.
LE NÔTRE EST EN BRETAGNE !
SI ON NOUS DEMANDAIT NOTRE AVIS SUR LA RÉUNIFICATION, **JE SUIS CONVAINCUE QUE LES GENS VOTERAIENT OUI** !
À NANTES ET AU NORD DE NANTES...
D'AUTRES S'ABSTIENDRAIENT SANS DOUTE... PERSONNE N'A ENVIE DE S'Y OPPOSER PARCE QUE PERSONNE N'EST VRAIMENT ATTACHÉ AUX PAYS-DE-LA-LOIRE...
MAIS... DIS-MOI BENJI...
POURQUOI A-T-ON PLACÉ LA FRONTIÈRE BRETONNE **ICI** ?!
LE TEMPLE-DE-BRETAGNE
ET POURQUOI A-T-ON EXCLU LA LOIRE-ATLANTIQUE DU DÉCOUPAGE BRETON ?

PENDANT CE TEMPS...
LES MOBILISATIONS
À NOUS DEUX, MONSIEUR AYRAULT.

JEAN-MARC AYRAULT

NÉ EN 1950

INVESTI DANS LE MOUVEMENT RURAL DE JEUNESSE CHRÉTIENNE (MRJC)

PROFESSEUR D'ALLEMAND

MEMBRE DU PARTI SOCIALISTE DEPUIS 1972

MAIRE DE St-HERBLAIN DE 1977 À 1989

MAIRE DE NANTES DE 1989 À 2012

DÉPUTÉ DE 1986 À 2016 ET PRÉSIDENT DU GROUPE SOCIALISTE À L'ASSEMBLÉE NATIONALE DE 1997 À 2012

PREMIER MINISTRE DE FRANÇOIS HOLLANDE DE 2012 À 2014

AIME LES VACANCES EN COMBI WOLKSWAGEN

DÉCRIT COMME LE PRINCIPAL OPPOSANT À LA RÉUNIFICATION DE LA BRETAGNE PAR LES DÉFENSEURS D'UNE BRETAGNE À CINQ.

UDB alliée d

La municipalité de Jean-Marc Ayrault compte deux mem bres de l'Union démocratique bretonne, Nicole Fougeron Patrick Pellen. L'UDB a d'ailleurs eu son premier élu (1) Nantes dès 1977. A l'époque, cette présence pouvait rel ver d'un certain exotisme. Un courant d'opinion, fut-il min ritaire, était bon à prendre. Aujourd'hui, l'UDB assiste, éto née, à la montée en puissance d'un sentiment régionalist du moins tel qu'il s'exprime dans le débat actuel. Patrick Pellen est ravi. Il ne s'en cache pas. Tant d'années militer avant tout le monde - y compris les Corses ainsi des idées sortir de la marge, forcément baume au cœur. Le recul l'ai Mais, Jean-Marc Ayrault qui gionaliste », n'était pa qu'il n'ait pu évoluer. lenteur ». Chacun joue s pal, c'est qu'on arrive à eu d'école Diwan à Nantes A la différence du PC, laiss n'arriverait pas à prendre ses démocratique.

Bref, le vent de l'histoire donn hommes politiques ne pourrai ndre acte d'une volonté popul responsabilité, d'une régionalis

Nantes en Bretagne ? « Question dépassée »

Dans le magazine « Bretons », le sénateur nantais (Verts) Ronan Dantec affirme : « Celui qui concrètement, est en train de réunifier la Bretagne, c'est Jean -Marc Ayrault » ? Provocation ou erreur d'interprétation ?

(Sourire). Je lui suis reconnaiss d'apprécier le travail que je fais beaucoup œuvré pour l ment entre Nant aussi

Pour moi, cette question est dépassée depuis longtemps. Si un jour, on devait revoir les frontières administratives - la question n'est pas taboue - toutes les populations devraient être consultées. Ne pas demander leur avis aux habitants des Pays de la oire, ce n'est pas démocratique.

us seriez plutôt pour une on Bretagne/pays de la ?

oit absolument à l'échelle naaire une réforme territoriale, 'ai pas le droit d'abandonletais, l'Anjou, la Vendée ? suis pas sûr que cette ande région soit une prio- On est à l'heure des ré- 'heure du repli sur soi. Il n coopération.

Actualité — Nantes-Rennes : ennemies ou solidaires ?

La rivalité Nantes-Rennes, s'est atténuée selon Jean-Marc Ayrault qui pense qu'il vaut mieux parler de grand Ouest que de Bretagne réunifiée.

Jean-Marc Ayrault, député-maire de Nantes

« Deux villes complémentaires »

La question de la réunification de la Bretagne vous paraît-elle pertinente et d'actualité ?

Nantes est à l'évidence une ville de Bretagne. Grâce à son positionnement géographique, ville de confluence entre l'Anjou, le Poitou et la Bretagne, port ouvert sur l'Atlantique, elle est devenue très tôt le siège du duché de Bretagne, position qui s'est renforcée dans la première partie du XVe siècle grâce à son dynamisme commercial. Le château des ducs de Bretagne en témoigne. A ce titre, on peut dire que Nantes a été capitale historique de la Bretagne.

Quant à savoir si la question de la réunification de la Bretagne est pertinente, je réponds oui. Il n'y a aucune raison pour que l'on évacue ce débat comme

« Qu'est-ce que Nantes et la Loire-Atlantique auraient à gagner à être réunies à la Bretagne ? »

la Loire, tagne) représentent environ 7,5 millions d'habitants contre 13,5 à la grande région parisienne : une région Ouest permettrait évidemment d'être mieux par les instances euro, sans pour autant que e-Normandie, l'Anjou, le et la Vendée y perdent leur

ntes ne risque-t-elle pas ffrir d'une concurrence ennes sur son rôle de ca- régionale, tant au plan po- ue qu'économique ? Quelle ait être la capitale de la Bre- réunifiée ?

Le redécoupage n'est pas à l'ordre du jour

Quelle identité construire à trois ? Jean-Yves Le Drian s'est toujours élevé contre un « **Grand Ouest mou qui n'aurait qu'une identité technocratique.** » Et de souligner : « **La particularité de l'identité bretonne a toujours été d'être très ouverte. Ce qui nous ouvre à des partenariats offensifs. Comme ceux-ci...** » Et Jean-Marc Ayrault d'ajouter – le maire de Nantes avait été convié aux discussions des trois présidents de régions – : « **Le redécoupage n'est pas à l'ordre du jour. Il faut plutôt miser sur l'interrégional. L'identité se construit aussi à travers les villes, grandes ou moyennes, qui sont autant de pôles de développement que nous devons savoir mettre en réseau. Mieux vaut nous identifier à travers ce qui nous fédère plutôt qu'à travers ce qui nous met en compétition.** »

Sans éprouver une totale indifférence au sort réservé à leur ville, les Nantais semblent relativement peu intéressés par le débat, en dépit des sondages favorables à la réunification.

L'intérêt mitigé pour la question du rattachement administratif de la Loire-Atlantique à la Bretagne s'explique sans dout

Pouvoir et rivalités. L'impossible consensus

Avec ses 34.000 km² et ses 4 millions d'habitants, la Bretagne réunifiée n'aura certes pas le poids de ce « Grand Ouest » prôné par certains, au nom de ce qu'ils appellent la « taille critique », sans que personne ne sache trop ce qu'elle signifie.

A la différence de ce vaste territoire dont les partisans se plaisent à souligner qu'il aurait la dimension de l'Autriche (84.000 km², 8 millions d'habitants), la Bretagne s'en tient à une superficie un peu supérieure à celle de la Belgique (30.500 km²), et à une population proche de celle de l'Eire (3,6 millions d'habitants).

Deux pays dont il ne vient à l'idée de personne de considérer que leur taille ne serait pas « critique ».

Hervé, Ayrault et Fillon sur le front des antis

Outre la dimension du territoire, d'autres lignes de fracture divisent les décideurs politiques, sans que leur appartenance à tel ou tel par soit un élément déterminant leurs des quatre dép Du c tem a Bretag d'aujourd'hui, un large conse se dégage en faveur du retour Loire-Atlantique au sein d

• A gauche, Jean-Marc Ayrault, député-maire de Nantes, hostile à la réunification. A droite, Jean-Louis Jossic, du groupe Tri-Yann, fervent défenseur de la cause. (Photos DR)

re PS de Nantes, Jean-Marc Ayrault, la même attitude hostile que chez son homologue rennais. Le présiden ion Pays-de-la-Loir Fillon, est sé.

Côté Loire-Atlantique, le conseil général est favorable à la réintégration et a décidé de pousser les feux

ville. Il insiste sur la spécificité nantaise, "ni réellement bretonne, ni vraiment vendéenne, elle n'est même pas ligérienne".

tielle de ce qu'elle est. Nantes est un port : à la différence d'autres territoires, on y a ac-

"NANTES EST UN MÉLANGE. JE PENSE QUE LES NANTAIS N'AURAIENT JAMAIS ADHÉRÉ À UNE COMMUNICATION QUI N'AURAIT ÉTÉ QUE BRETONNE."

"VOUS NE POUVEZ PAS RÉDUIRE NANTES À SON HISTOIRE BRETONNE"

ANCIEN PREMIER MINISTRE ET ANCIEN MAIRE DE NANTES, AUJOURD'HUI RETIRÉ DES AFFAIRES POLITIQUES, JEAN-MARC AYRAULT REVIENT POUR *BRETONS* SUR L'ÉVOLUTION DE NANTES, SUR LE DOSSIER NOTRE-DAME-DES-LANDES ET SUR L'IDENTITÉ BRETONNE DE LA VILLE.

PROPOS RECUEILLIS PAR MAIWENN RAYNAUDON-KERZERHO ET DIDIER LE CORRE PHOTOS EMMANUEL PAIN

AH, C'EST TOI, EUDES... COMMENT ? OUI, OUI, JE VOUS ENTENDS BIEN, LE TEMPLE-DE-BRETAGNE...
ÉCOUTE JE...
COMMENT ?
OUIIII, JE SAIS QUE C'EST LE MARÉCHAL PÉTAIN QUI A ACTÉ LA PREMIÈRE FRONTIÈRE BRETONNE EN EXCLUANT LA LOIRE-ATLANTIQUE...
COMMENT ?...
OUI, OUI, ON VA EN PARLER DANS LE CHAPITRE SUIVANT. C'EST PRÉVU.
ÉCOUTE, IL FAUT QUE JE RACCROCHE...
... J'ATTENDS UN APPEL IMPORTANT DE JEAN-MARC AYRAULT... COMMENT ?... OUI, L'ANCIEN MAIRE DE NANTES.
IL EST SOUVENT ACCUSÉ PAR LES PROMOTEURS DE LA BRETAGNE À CINQ D'AVOIR TOUT FAIT POUR EMPÊCHER LA RÉUNIFICATION.
JE TE LAISSE, SALUT !
BZZZ !
EUDES, FRANCHEMENT, C'EST UNE BONNE IDÉE VOTRE ROAD-TRIP MAIS LÀ J'AI PAS LE TEMPS DE M'AMU...
OH !!... BONJOUR MONSIEUR AYRAULT !
PARDON, JE CROYAIS QUE... ENFIN BREF... PEU IMPORTE...
MERCI DE PRENDRE LE TEMPS DE LA CONVERSATION.

MA MÈRE EST NATIVE DE PONTIVY. TOUT COMME SES PARENTS, ELLE A TOUJOURS PARLÉ DE LEURS RACINES À LA MAISON. SON GRAND-PÈRE ÉTAIT ÉCLUSIER SUR LE BLAVET. ILS SONT VENUS À NANTES POUR CHERCHER DU TRAVAIL ENTRE LES DEUX GUERRES.
C'EST AMUSANT, CHAQUE FOIS QUE J'INTERVIEWE QUELQU'UN DE DÉFIANT ENVERS LA RÉUNIFICATION, IL S'ÉCHINE À RAPPELER COMBIEN IL EST ATTACHÉ À LA BRETAGNE.
MOI JE SUIS NÉ À MAULÉVRIER (49). MON PÈRE ÉTAIT OUVRIER AGRICOLE, MA MÈRE COUTURIÈRE PUIS FEMME AU FOYER. J'AI FAIT MES ÉTUDES À NANTES. DANS MA FAMILLE, ON PARLAIT DE LA BRETAGNE COMME D'UNE RÉGION GÉOGRAPHIQUE, AVEC UNE CULTURE, DES PAYSAGES...
... MAIS IL N'Y AVAIT PAS DE REVENDICATION TERRITORIALE OU D'IDENTITÉ.
JAMAIS IL N'Y A EU DE DÉBAT EN CE SENS.
EN TANT QUE NANTAIS, VOUS NE VOUS ÊTES JAMAIS SENTI BRETON?
DÈS LE DÉBUT DE MON MANDAT À NANTES, **J'AVAIS DÉCIDÉ QUE LA CULTURE BRETONNE DEVAIT RETROUVER SA PLACE**. NOUS AVONS SIGNÉ LA CHARTE CULTURELLE BRETONNE QUI S'EST TRADUITE PAR UNE DÉCLINAISON D'ACTIONS.
TOUTES LES ASSOCIATIONS ONT EU DES MOYENS ET **J'AI DÉVELOPPÉ L'ENSEIGNEMENT DU BRETON** À L'ÉCOLE, L'ENSEIGNEMENT BILINGUE.
JE ME SUIS TOUJOURS BATTU POUR LES LANGUES RÉGIONALES, **J'AI NÉGOCIÉ AVEC LES ÉCOLES DIWAN.**

UN GWENN-HA-DU FLOTTE DEVANT LA MAIRIE DÉSORMAIS. DE VOTRE TEMPS, VOUS VOUS Y ÊTES TOUJOURS REFUSÉ...
JE CONSIDÉRAIS QUE LE DRAPEAU DE NANTES RÉPONDAIT À CETTE QUESTION. DESSUS IL Y A DÉJÀ L'HERMINE ET UN BATEAU PUISQUE NANTES EST UN PORT. MAIS J'AI FAIT HISSER LE DRAPEAU BRETON SUR LE COURS DES 50-OTAGES AVEC LES DRAPEAUX FRANÇAIS ET EUROPÉEN.
QUE LE GWENN-HA-DU AIT ÉTÉ INSTALLÉ DEVANT LA MAIRIE NE ME CHOQUE PAS. ON EN A DISCUTÉ AVEC JOHANNA ROLLAND. ELLE A FAIT CETTE CONCESSION, JE LA RESPECTE... CE N'EST PAS UN SUJET DE CONFLIT ENTRE NOUS... TOUT CELA DÉMONTRE QUE JE NE SUIS PAS INDIFFÉRENT À LA QUESTION...
NANTES EN BRETAGNE N'A CEPENDANT JAMAIS ÉTÉ UN SUJET À VOS YEUX...
QUAND J'AI ÉTÉ ÉLU MAIRE DE NANTES EN 1989, J'AVAIS DES ÉLUS DE L'UNION DÉMOCRATIQUE BRETONNE (UDB) SUR MA LISTE. J'EN AI EU UN PENDANT DOUZE ANS À SAINT-HERBLAIN.
LA QUESTION BRETONNE N'ÉTAIT PAS ABSENTE DE MES RÉFLEXIONS...
... LA QUESTION DU DÉCOUPAGE EST VENUE PLUS TARD.
JE NE M'EN SUIS PAS SAISI À L'ÉPOQUE. JE N'AI PAS ÉTÉ TENTÉ PAR ÇA... J'AI ÉTÉ ÉLU MAIRE DE NANTES À UNE PÉRIODE OÙ LA VILLE ÉTAIT SUR LE DÉCLIN. L'ENJEU ÉTAIT DE LA REDRESSER. POUR Y PARVENIR, JE ME SUIS APPUYÉ SUR LA RÉALITÉ MÉTROPOLITAINE DU TERRITOIRE. À MON SENS, NANTES/ST NAZAIRE ÉTAIT LE TERRITOIRE DE REDRESSEMENT ÉCONOMIQUE. MA PRÉOCCUPATION A TOUJOURS ÉTÉ DE DÉFENDRE AU MIEUX L'INTÉRÊT DES NANTAIS, AVEC UNE IDENTITÉ CULTURELLE QUI N'EST PAS QUE BRETONNE ET QUI EST FORTE.
LA QUESTION DES FRONTIÈRES ME PARAÎT RÉGRESSIVE.
POURQUOI ?

VOUS VOYEZ BIEN QUE **L'HISTOIRE NANTAISE EST BEAUCOUP PLUS VASTE QUE L'HISTOIRE DE LA BRETAGNE.**
LE CHÂTEAU DES DUCS DE BRETAGNE EST CERTES BRETON MAIS C'EST AUSSI UN CHÂTEAU DE LA LOIRE.
MON ACTION A TOUJOURS CONSISTÉ À VOIR COMMENT DES VILLES, AVEC LEUR PROPRE HISTOIRE, PEUVENT COOPÉRER DAVANTAGE, **EN ACCORD AVEC EDMOND HERVÉ À RENNES.**
JE COMPRENDS LA DIMENSION IDENTITAIRE ET J'Y SUIS SENSIBLE. C'EST POURQUOI **JEAN-LOUIS JOSSIC** DE **TRI YANN** A ÉTÉ L'UN DES MEMBRES DE MON ÉQUIPE MUNICIPALE. J'AI D'AILLEURS TOUJOURS ACCOMPAGNÉ TRI YANN PARCE QUE CE GROUPE PRODUISAIT UNE MUSIQUE OUVERTE AU MONDE ET RENOUVELÉE, QUI N'A RIEN À VOIR AVEC UN RENFERMEMENT IDENTITAIRE...
... TRI YANN ÉTAIT UN GROUPE NI ETHNICISTE NI NATIONALISTE.
EST-CE CE QUI VOUS DÉRANGE DANS CE DÉBAT SUR LA RÉUNIFICATION ?
JE ME POSE DU POINT DE VUE DE L'INTÉRÊT DES POPULATIONS.
QU'EST-CE QUE LE RATTACHEMENT APPELLERAIT ?
LES PARTISANS NE SE POSENT PAS LA QUESTION.
ILS POSENT LA QUESTION SUR **L'IDENTITAIRE**
MAIS ÇA NE CONVAINC PAS VRAIMENT.

JE N'AI AUCUN PROBLÈME DE RELATION AVEC LA BRETAGNE.
JE N'AI PAS PEUR DE ÇA.
J'AI PEUR D'UNE RÉGRESSION DU DÉBAT PUBLIC.
IL Y A UNE PART D'AFFECTIF LÀ-DEDANS...
... JE L'ENTENDS.
IL EST PLUS FACILE DE SE REVENDIQUER DE BRETAGNE QUE DES PAYS-DE-LA-LOIRE QUI EST UNE RÉGION DISPARATE.
MAIS LA QUESTION DE L'IDENTITÉ BRETONNE NE DOIT PAS ÊTRE UNE QUESTION DE BORNES ADMINISTRATIVES. REDÉCOUPER ET DONC FUSIONNER, C'EST UNE PERTE D'ÉNERGIE CONSIDÉRABLE.
JE NE ME SUIS PAS TROMPÉ QUAND JE VOIS L'EXEMPLE AUJOURD'HUI DE LA NOUVELLE-AQUITAINE.
J'AI DIT TOUT ÇA DANS LES RÉUNIONS INTERMINISTÉRIELLES AVEC FRANÇOIS HOLLANDE LORSQU'IL ÉTAIT QUESTION DE REVOIR LES NOUVELLES RÉGIONS EN 2014.
APRÈS JE SUIS PARTI, ET MANUEL VALLS A PRIS LE RELAIS...
IL A PRÉSENTÉ ÇA COMME UNE GRANDE RÉFORME...
JE NE SUIS PAS SÛR QU'ON EN SORTE UN JOUR, DE CE DÉBAT SUR LA RÉUNIFICATION... IL FAUT SE GARDER DE REVENIR À L'ESPRIT DES PROVINCES...
... FAISONS ATTENTION À NE PAS NOUS REPLIER.

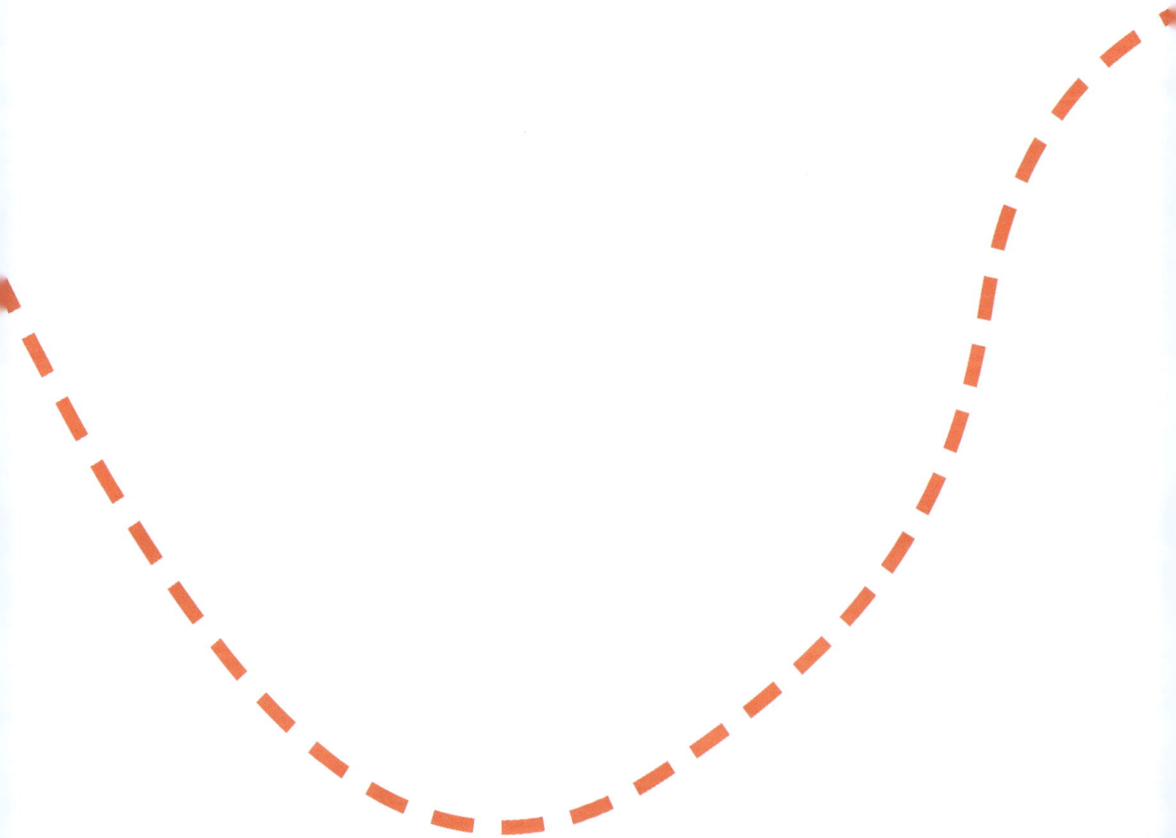

CHAPITRE 3

BRAS DE FER POLITIQUE

AU REVOIR MONSIEUR AYRAULT, MERCI !
ATTENDS, JE NE COMPRENDS PAS... C'EST BIEN LE MARÉCHAL PÉTAIN QUI A EXTRAIT LA LOIRE-ATLANTIQUE DE LA BRETAGNE PENDANT L'OCCUPATION, NON ?
CE QUE JE VEUX DIRE, C'EST QU'IL FAUT LIRE CETTE DÉCISION DANS UN CONTEXTE PLUS LARGE.
PASSONS AU SALON. JE VAIS REMBOBINER UN PEU...
APRÈS LA RÉVOLUTION FRANÇAISE, LE DÉCOUPAGE DE LA FRANCE A ÉTÉ REPENSÉ. **FINI LES PROVINCES, BONJOUR LES DÉPARTEMENTS**. LA BRETAGNE EST DONC DÉCOUPÉE EN CINQ UNITÉS DISTINCTES :
LE FINISTÈRE, LES-CÔTES-DU-NORD, LE MORBIHAN, L'ILLE-ET-VILAINE ET **LA LOIRE-INFÉRIEURE**. ON CONSTATE ALORS UNE PÉRIODE DE CENTRALISATION DU POUVOIR.
ON VIT DANS UN ÉTAT PLUS JACOBIN.
AU XIXe ET AU DÉBUT DU XXe SIÈCLE, LES RÉGIONS N'EXISTENT PAS MAIS LE SOUVENIR DE LA BRETAGNE RESTE SAILLANT, NOTAMMENT PARCE QUE LES BRETONS BOUGENT BEAUCOUP. ILS SE MÉLANGENT. À NANTES EN PARTICULIER...
... DANS CETTE VILLE ÉCONOMIQUEMENT PROSPÈRE, LES BAS-BRETONS, SOUVENT PAUVRES, S'INSTALLENT EN NOMBRE ET IMPORTENT LEUR CULTURE.
DANS CERTAINS QUARTIERS DE LA VILLE, ON PARLE BRETON !
YEC'HED MAT !

ON NE PEUT PAS DIRE QUE CE SOIT D'AILLEURS BIEN PERÇU. **LE BRETON A SOUVENT MAUVAISE RÉPUTATION** !!!
À CETTE PÉRIODE, LES CULTURES MINORITAIRES EN FRANCE SONT COMBATTUES PAR LE POUVOIR CENTRAL AU NOM D'UNE UNITÉ FRANÇAISE. MALGRÉ TOUT, ON OBSERVE UNE CULTURE DU FANTASME AUTOUR DE LA BRETAGNE. NOMBRE D'ÉCRIVAINS MAGNIFIENT LA RÉGION...
QUELQUE PART, ÇA ENTRETIENT LE SENTIMENT BRETON.
POLITIQUEMENT AUSSI, DES MOUVEMENTS RÉGIONALISTES, AUTONOMISTES ET MÊME NATIONALISTES ÉMERGENT. CERTAINS SONT MÊME VIOLENTS.
TIENS, DANS CE LIVRE "NANTES EN BRETAGNE ?", L'HISTORIEN DOMINIQUE LE PAGE A RETROUVÉ UN EXEMPLE QUI SYNTHÉTISE BIEN L'ÉTAT D'ESPRIT DU MOMENT...
VOILÀ ! EN 1936, L'ADJOINT AU MAIRE DE NANTES INAUGURE UNE EXPOSITION APPELÉE "LA BRETAGNE MONUMENTALE ET PITTORESQUE". L'ÉDILE DIT ALORS :
"IL EST NÉCESSAIRE QUE LES NANTAIS APPELÉS À TORT DES SOTS BRETONS MONTRENT LEUR ATTACHEMENT INDÉFECTIBLE À LA BRETAGNE SANS ÊTRE AUTONOMISTES."
TOUT Y EST DANS CETTE SORTIE.
LES ÉLUS NANTAIS RECONNAISSENT ALORS LA BRETAGNE COMME UNE PART DE L'IDENTITÉ DE LEUR VILLE ET L'ASSUMENT TOUT EN REDOUTANT LA MONTÉE EN PUISSANCE D'UNE ENVIE DE SÉPARATISME.

D'AUTANT QU'AU DÉBUT DU XXe SIÈCLE, IL EST QUESTION DE DESSINER LES RÉGIONS AVEC COMME PRIORITÉ D'EFFACER LES TERRITOIRES.
À UN MOMENT, IL EST ENVISAGÉ DE SAUCISSONNER LA BRETAGNE DANS TROIS RÉGIONS DISTINCTES...
... PUIS, EN 1919, LES CHAMBRES DE COMMERCE ET D'INDUSTRIE PROPOSENT LE DÉCOUPAGE SUIVANT :
LA BRETAGNE SERAIT UNE RÉGION COMPOSÉE DE L'ILLE ET VILAINE, DES CÔTES-DU-NORD ET DU FINISTÈRE, TANDIS QU'UNE AUTRE RÉGION REGROUPERAIT NOTAMMENT NANTES ET LE MORBIHAN.
DÉJÀ, CETTE PROPOSITION DE DÉCOUPAGE ÉCONOMIQUE EST CONTESTÉE PAR CEUX QUI DÉFENDENT DES RÉALITÉS CULTURELLES ET HISTORIQUES.
AVANT LA SECONDE GUERRE MONDIALE, PÉTAIN NOURRIT LA CONVICTION QUE LA FRANCE DEVRAIT REVENIR AU DÉCOUPAGE DE L'ANCIEN RÉGIME ET DE SES FAMEUSES PROVINCES.
ATTENDEZ, ATTENDEZ... JE SUIS PERDU, LÀ... PÉTAIN DÉCIDE POURTANT D'EXTRAIRE LA LOIRE-ATLANTIQUE DE LA BRETAGNE...

MINUTE PAPILLON, LAISSE-NOUS FINIR... APRÈS LA SIGNATURE DE L'ARMISTICE DU 22 JUIN 1940, LA FRANCE ET LA BRETAGNE EN PARTICULIER SONT OCCUPÉES PAR L'ALLEMAGNE NAZIE.
LE 30 JUIN 1941, PÉTAIN, QUI DIRIGE LE RÉGIME FRANÇAIS COLLABORANT AVEC L'OCCUPANT, VALIDE LE REDÉCOUPAGE DU PAYS PAR DÉCRET. JUSQU'AU DERNIER MOMENT, IL HÉSITE SUR CELUI DE LA BRETAGNE.
PÉTAIN A TROIS SOLUTIONS SUR LA TABLE :
1. REVENIR À UNE BRETAGNE À CINQ DÉPARTEMENTS,
2. OPTER POUR UNE BRETAGNE À QUATRE DÉPARTEMENTS ET UNE AUTRE RÉGION INTÉGRANT LA LOIRE-ATLANTIQUE.
3- COMPOSER UNE GRANDE RÉGION OUEST
TOUT LE MONDE PENSE QU'IL VA CHOISIR LA PREMIÈRE OPTION, IL L'A D'AILLEURS ANNONCÉE AUX MAIRES DE RENNES ET DE NANTES EN PROMETTANT À CHACUN LE STATUT DE CAPITALE DE LA RÉGION.
FINALEMENT, PÉTAIN CHOISIT L'OPTION 2.
IL SURPREND TOUT LE MONDE ET NE SATISFAIT PERSONNE.

D'AUTANT QU'ANGERS DEVIENT LA VILLE CHEF-LIEU DE LA RÉGION À LAQUELLE NANTES A ÉTÉ INTÉGRÉE...
PÉTAIN EXPLIQUE VOULOIR FACILITER AINSI LE RAVITAILLEMENT DES TERRITOIRES EN PÉRIODE D'OCCUPATION.
ÇA GROGNE DANS TOUS LES SENS.
TENEZ...
... LISEZ CE PAPIER PARU DANS L'OUEST-ÉCLAIR LE 3 SEPTEMBRE 1943...
« Le dernier bombardement de Lorient auquel j'ai assisté a duré deux heures et demie. Dès la fin de l'alerte nous nous sommes portées au secours des blessés. Il y avait eu beaucoup de morts. La maison du Secours National a été détruite quatre fois, et quatre fois reconstruite. Aucune de mes compagnes n'a été blessée... »
En quittant ces humbles assistantes sociales, nous avons compris la vérité de cette pensée : « Il est moins difficile d'accomplir une action héroïque que de faire son devoir tous les jours. »
régimes qui leur seront propres. Au réalisme de notre conception politique s'oppose la folie de nos adversaires, dont les buts de guerre appartiennent au domaine de la fantaisie. Peut-être la fameuse formule de la « capitulation sans condition » publiée après la conférence de Casablanca, serait-elle à sa place s'il s'agissait des tribus de nègres auxquelles nos adversaires ont eu affaire au cours de leur histoire. Mais elle constitue vis-à-vis des peuples européens une impertinence sans égale ».
« Le retour de la Loire-Inférieure à la province de Bretagne ne se fera qu'à la paix »
déclare le préfet régional d'Angers
NANTES, 2 (de notre rédaction). — En prenant contact pour la première fois avec les personnalités du monde agricole, industriel, commercial et administratif de la Loire-Inférieure, M. Donati, préfet régional d... a tenu à préciser quelle était exactement la position du ... ment en ce qui concerne la question provinciale.
je tiens à vous dire, c'est que le choix d'Angers comme chef-lieu de région a été imposé par les circonstances. À la paix, Nantes reviendra à la Bretagne si les provinces sont reconstituées à ce moment-là. Toutes discussions ou interprétations différentes sont oiseuses. Le gouvernement a voulu ardemment faire renaître les provinces françaises. Il a dû, sous l'empire des circonstances, procéder au découpage des régions suivant les nécessités de l'heure. Il n'en a pas pour autant abandonné son projet, mais il en subordonne l'exécution au retour de la paix et à l'établissement d'une constitution. »

CHARLES DONATI, PRÉFET D'ANGERS, DIT CECI :
« À LA PAIX, NANTES REVIENDRA À LA BRETAGNE SI LES PROVINCES SONT RECONSTITUÉES À CE MOMENT-LÀ. [...] LE GOUVERNEMENT A VOULU ARDEMMENT FAIRE RENAÎTRE LES PROVINCES FRANÇAISES. IL A DÛ PROCÉDER AU DÉCOUPAGE DES RÉGIONS SUIVANT LES NÉCESSITÉS DE L'HEURE. IL N'EN A PAS POUR AUTANT ABANDONNÉ SON PROJET, MAIS IL EN SUBORDONNE L'EXÉCUTION AU RETOUR DE LA PAIX ET À L'ÉTABLISSEMENT D'UNE CONSTITUTION. »
MAIS POUR BEAUCOUP, LA DÉCISION DE SCINDER LA BRETAGNE HISTORIQUE EN DEUX A D'AUTRES MOTIVATIONS.
UNE VHS ?!
IL S'AGIT D'UN ENTRETIEN QUE NOUS AVAIT ACCORDÉ **HUBERT BÉASSE**, RÉALISATEUR DE DOCUMENTAIRES DONT PLUSIEURS CONSACRÉS À L'OCCUPATION NAZIE EN BRETAGNE ET AUX MOUVEMENTS NATIONALISTES BRETONS... CES DERNIERS SERAIENT LA CLÉ DE COMPRÉHENSION DE LA DÉCISION DE PÉTAIN.
NATIONALISTES BRETONS ? MAIS... LA BRETAGNE EST PLUS CONNUE POUR AVOIR FOURNI DES RÉSISTANTS QUE DES COLLABOS, POURTANT !...
... SUR L'ÎLE DE SEIN, 128 HOMMES AVAIENT REJOINT DE GAULLE QUI LES AVAIT QUALIFIÉS DE « **QUART DE LA FRANCE** »...
CHUUUT !
PLAY

IL FAUT LIRE LE REDÉCOUPAGE DE LA BRETAGNE QUE NOUS CONNAISSONS DANS LE CONTEXTE DE L'OCCUPATION ALLEMANDE. BERLIN UTILISAIT LA QUESTION DE L'AUTONOMIE BRETONNE POUR FAIRE PRESSION SUR VICHY. PÉTAIN ESPÉRAIT LE REDRESSEMENT DU PAYS SUR L'AIR DU RENOUVEAU DES PROVINCES FRANÇAISES.
DÈS 1940, PÉTAIN SE MÉFIE NÉANMOINS DES NAZIS QUI VEULENT DÉSOSSER LA FRANCE POUR L'AFFAIBLIR. **HITLER ENCOURAGE DONC LE NATIONALISME BRETON** DONT LE PARTI ET CERTAINS CADRES ONT ÉTÉ, AVANT LA GUERRE, EN CONTACT AVEC LES SERVICES SECRETS ALLEMANDS. DÈS LE DÉBUT DE L'OCCUPATION, DES DIGNITAIRES NAZIS **PLAIDENT POUR UNE AUTONOMIE DE LA BRETAGNE ET SOUTIENNENT LES NATIONNALISTES BRETONS COMME MORDREL OU DEBAUVAIS**, CADRES DU PARTI NATIONAL BRETON (PNB)...
HUBERT BÉASSE A RAISON. PÉTAIN SE MÉFIE DES NAZIS ET DES NATIONALISTES BRETONS DU PNB.
CERTAINS L'ONT ÉCRIT CLAIREMENT.
HERVÉ LE BOTERF, HISTORIEN ET ANCIEN RESPONSABLE DU PNB À NANTES SOUS L'OCCUPATION, DIT DANS SON LIVRE "LA BRETAGNE SOUS LE GOUVERNEMENT DE VICHY" QUE MORDREL OU DEBAUVAIS AURAIENT DÛ "PROFITER DE LA VACANCE DU POUVOIR ENTRE LA DÉROUTE FRANÇAISE ET L'OCCUPATION ALLEMANDE POUR DÉCLARER L'INDÉPENDANCE DE LEUR PAYS AFIN DE METTRE L'ARMÉE D'INVASION DEVANT LE FAIT ACCOMPLI".
BREF, CES NATIONALISTES COMPTAIENT SUR LES NAZIS POUR ARRACHER L'INDÉPENDANCE DE LA BRETAGNE.

MÊME **OTTO ABETZ**, AMBASSADEUR EN FRANCE DU POUVOIR ALLEMAND DURANT L'OCCUPATION L'A ÉCRIT DANS SES MÉMOIRES. SELON LUI, **HITLER VOULAIT MORCELER LA FRANCE ET PERMETTRE L'AUTONOMIE À LA BRETAGNE.**
HENRI FRÉVILLE, HISTORIEN ET SÉNATEUR-MAIRE DE RENNES, A EXHUMÉ DES DOCUMENTS NAZIS SUR LA QUESTION BRETONNE AFFIRMANT QUE LES BRETONS ASPIRENT "À SE DÉTACHER DE LA FRANCE".
TOUJOURS SELON CES ARCHIVES : "SANS UNE BRETAGNE INDÉPENDANTE SOUS OCCUPATION PERMANENTE DU REICH, L'ANGLETERRE ET LA FRANCE NE SERAIENT PAS COMPLÈTEMENT SOUMISES À LA PUISSANCE ALLEMANDE".
EN 1940-1941, PÉTAIN S'INQUIÈTE DONC DU SOUTIEN DES NAZIS AUX SÉPARATISTES BRETONS. CEUX-CI S'AFFICHENT AU GRAND JOUR : DISTRIBUTION DE TRACTS, DE JOURNAUX, DÉFILÉS MARTIAUX AVEC DES GWENN-HA-DU...
LE CHOIX DE BERLIN DE SOUTENIR LES SÉPARATISTES BRETONS EST UN PROBLÈME POLITIQUE POUR PÉTAIN, À COURT TERME MAIS SURTOUT À LONG TERME. **SANS LA BRETAGNE, LE REDRESSEMENT DE LA FRANCE TOMBE À L'EAU.**
TOUTE LA POLITIQUE DU MARÉCHAL S'EFFONDRE.
ALORS IL DÉCIDE D'EXTRAIRE NANTES DE LA BRETAGNE POUR AFFAIBLIR LE MOUVEMENT NATIONALISTE BRETON. LA RÉGION EST AINSI MOINS FORTE ÉCONOMIQUEMENT ET DONC MOINS INDÉPENDANTE.
IL TESTE AUSSI DE CETTE MANIÈRE LA QUALITÉ DE SES RAPPORTS AVEC BERLIN.
LES ALLEMANDS NE CONTESTENT PAS LE REDÉCOUPAGE, LES NATIONALISTES NE MOUFTENT PAS... POURQUOI ?
PARCE QUE LEUR MOUVEMENT N'EXISTE QUE GRÂCE À LA BIENVEILLANCE ALLEMANDE.
ILS NE FONT PAS LE POIDS. ILS NE SONT QUE DES PIONS DANS LES RELATIONS TORTUEUSES ENTRE VICHY ET BERLIN.

SOUS PRESSION DE PÉTAIN, LES NAZIS IMPOSENT AUX NATIONALISTES BRETONS DE MILITER PLUS DISCRÈTEMENT.
D'AUTANT QUE LES NAZIS SE SONT RENDUS COMPTE QUE L'IDÉOLOGIE DES SÉPARATISTES INFUSAIT PEU EN BRETAGNE.
APRÈS LA GUERRE, PERSONNE N'A SOUHAITÉ REPRENDRE LE DÉCOUPAGE DE VICHY.
LA BRETAGNE A LONGTEMPS DÛ VIVRE AVEC CE FANTÔME DU PASSÉ...
JE SUIS PERSUADÉ QUE C'EST NOTAMMENT À CAUSE DU SOUVENIR DE CES QUELQUES NATIONALISTES BRETONS. RÉINTÉGRER LE 44 EN BRETAGNE, C'ÉTAIT FAIRE LE JEU DE CES FASCISTES QUI AVAIENT COLLABORÉ DURANT LA SECONDE GUERRE MONDIALE.
BÉASSE A RAISON.
FIN
TENEZ, LISEZ CECI. IL S'AGIT D'UN TEXTE DE ALAIN PEYREFITTE, MINISTRE ALORS ENGAGÉ DANS LES ANNÉES 70 DANS UN TRAVAIL DE REDÉCOUPAGE DES RÉGIONS. IL FAIT SUITE AU DISCOURS DU GÉNÉRAL DE GAULLE À QUIMPER PRÔNANT LA DÉCENTRALISATION.

PEYREFITTE DIT AVOIR SONDÉ HENRI FRÉVILLE, ALORS SÉNATEUR-MAIRE DE RENNES, SUR LA QUESTION D'UNE BRETAGNE À CINQ.
VOICI SA RÉPONSE :
"J'AI TROP ÉTUDIÉ LE PASSÉ DE LA BRETAGNE POUR NE PAS CRAINDRE LA RÉSURGENCE D'UN PARTICULARISME, VOIRE D'UN SÉPARATISME BRETON. LA FRANCE S'EST FAITE PAR-DESSUS LES PARTICULARISMES RÉGIONAUX ET CONTRE EUX. **JE VOUS EN SUPPLIE, NE RÉVEILLEZ PAS L'ANIMAL QUI DORT.**"
LE SOUVENIR DE MORDREL ET COMPAGNIE OCCULTE CELUI DE NOMBRE DE BRETONS RÉSISTANTS, ENVOYÉS EN DÉPORTATION OU AYANT COMBATTU CONTRE L'ALLEMAGNE NAZIE QUI ÉTAIENT FAVORABLES À L'IDÉE D'UNE BRETAGNE À CINQ. CERTAINS Y VOYAIENT MÊME UN REMPART AU NAZISME.
DANS UN DE CES TRAVAUX DE 1974, L'HISTORIEN **PIERRE BARRAL** CITE UNE LETTRE DE L'AMIRAL DE PENFENTENYO, DÉFENSEUR DE LORIENT, ALORS EN CAPTIVITÉ, QUI CONSEILLE EN AOÛT 1940 DES MESURES "AUDACIEUSES MAIS GÉNÉRALES" NOTAMMENT POUR LA BRETAGNE :
PIERRE BARRAL
"SI LA FRANCE CRÉE IMMÉDIATEMENT LES PROVINCES ENVISAGÉES DANS SON PLAN DE RÉFORME, SI ELLE RÉALISE RAPIDEMENT UNE DÉCENTRALISATION DÉSIRABLE, SI ELLE REND ELLE-MÊME À CES PROVINCES TOUTES LES LIBERTÉS QUI NE SONT PAS INCOMPATIBLES AVEC L'INTÉRÊT SUPÉRIEUR DE L'ÉTAT, ALORS LA PROPAGANDE ALLEMANDE TOMBERA DANS LE VIDE ET RESTERA TRÈS PROBABLEMENT SANS EFFET." (LETTRE AOÛT 1940 AG II 640)
BON, EH, LES GARS... M'EN VOULEZ PAS MAIS JE VAIS ME COUCHER AVANT DE FAIRE UNE OVERDOSE...
TU VEUX PAS UN PEU DE LECTURE POUR T'ENDORMIR ?

REGARDE CE DOCUMENT :
À LA LIBÉRATION, UN COMMISSAIRE RÉGIONAL A ÉTÉ NOMMÉ PAR DE GAULLE EN BRETAGNE ...
IL S'APPELAIT **LE GORGEU**, UN ÉLU RÉSISTANT FINISTÉRIEN.
IL ÉCRIT :
« MA TÂCHE SERA DE VOUS AIDER, BRETON COMME VOUS ET FIER DE MON ORIGINE. »
RÉPUBLIQUE FRANÇAISE
LIBERTÉ — ÉGALITÉ — FRATERNITÉ
PROCLAMATION
du Commissaire Régional de la République
Chers Compatriotes,
Vive la France! Vive la République! Vivent les Alliés!
Le Commissaire Régional de la République.
LE GORGEU.
SON DIRECTEUR DE CABINET ÉTAIT **HENRI FRÉVILLE**.
ENSEMBLE, ILS ONT REPRÉSENTÉ LES INTÉRÊTS DE LA BRETAGNE APRÈS LA GUERRE.
UNE BRETAGNE À QUATRE DÉPARTEMENTS.
BIEN QU'À LA LIBÉRATION, LES DÉCRETS DE VICHY AIENT ÉTÉ DÉCLARÉS NULS, **LE GOUVERNEMENT PROVISOIRE** DE LA RÉPUBLIQUE FRANÇAISE A **CONSERVÉ LE DÉCOUPAGE D'UNE BRETAGNE SANS LA LOIRE-INFÉRIEURE**.

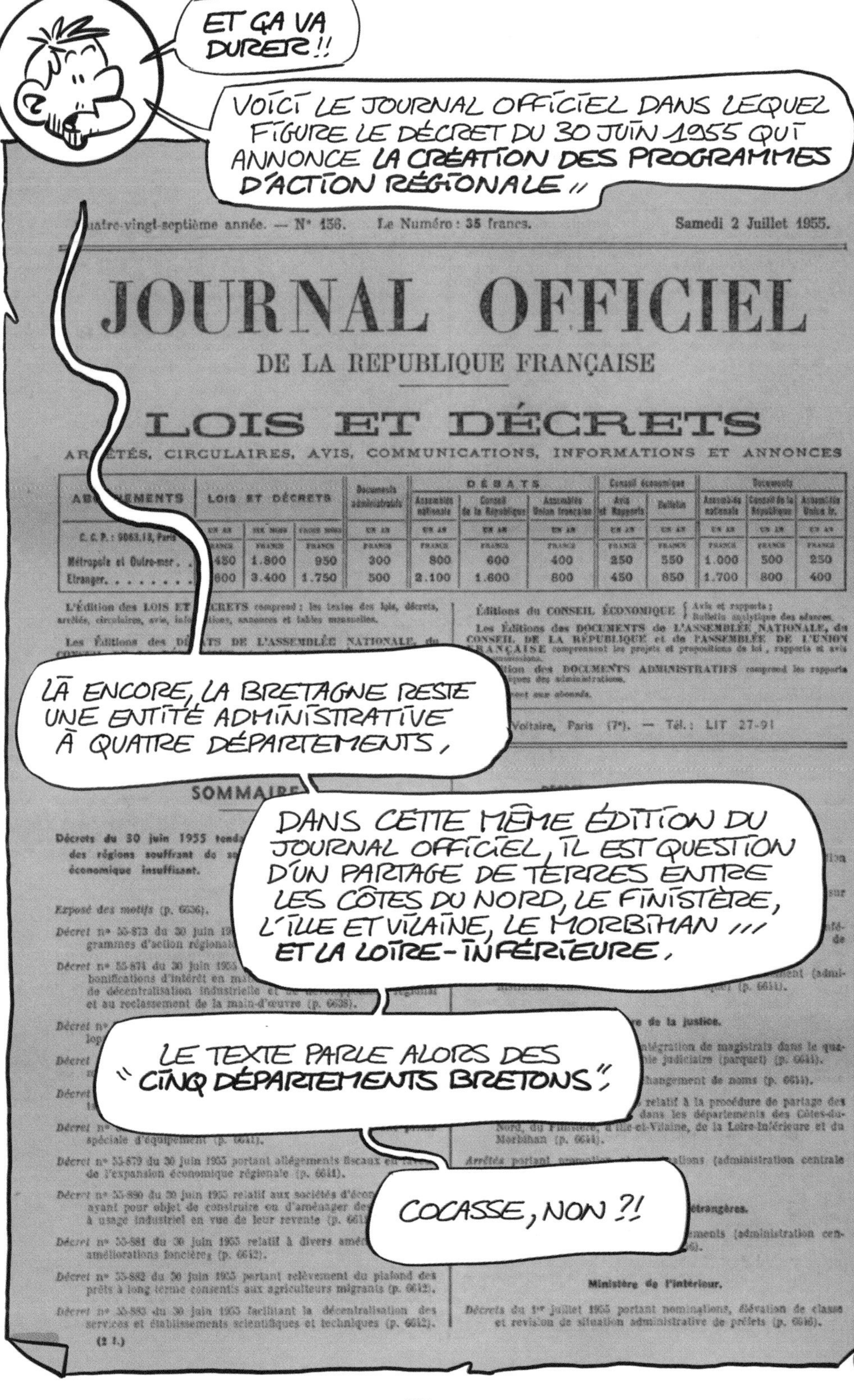
ET ÇA VA DURER !!
VOICI LE JOURNAL OFFICIEL DANS LEQUEL FIGURE LE DÉCRET DU 30 JUIN 1955 QUI ANNONCE LA CRÉATION DES PROGRAMMES D'ACTION RÉGIONALE ...
Samedi 2 Juillet 1955.
JOURNAL OFFICIEL
DE LA REPUBLIQUE FRANÇAISE
LOIS ET DÉCRETS
LÀ ENCORE, LA BRETAGNE RESTE UNE ENTITÉ ADMINISTRATIVE À QUATRE DÉPARTEMENTS,
SOMMAIRE
DANS CETTE MÊME ÉDITION DU JOURNAL OFFICIEL, IL EST QUESTION D'UN PARTAGE DE TERRES ENTRE LES CÔTES DU NORD, LE FINISTÈRE, L'ILLE ET VILAINE, LE MORBIHAN ... ET LA LOIRE-INFÉRIEURE.
LE TEXTE PARLE ALORS DES "CINQ DÉPARTEMENTS BRETONS",
COCASSE, NON ?!
Ministère de l'intérieur.

FÉVRIER 2021
21H00
EUDES, TU VEUX BIEN LÂCHER CETTE MANETTE ? LE DRIAN PASSE DANS VOX BREIZH, LA NOUVELLE ÉMISSION DE FRANCE 3.
WAAAH !... GÉNIALE LA SOIRÉE...
ALLEZ, RÂLE PAS, JE NOUS AI COMMANDÉ DES PIZZAS !
TU PENSES QU'IL VA DIRE QUELQUE CHOSE ?
ÇA NE ME SURPRENDRAIT PAS, OUI...
... NOUS AVONS LE PLAISIR D'ACCUEILLIR LE BRETON PEUT-ÊTRE LE PLUS INFLUENT DE FRANCE.
DEPUIS HUIT ANS IL PARCOURT LA PLANÈTE...
... DEPUIS HUIT ANS IL EST AU COEUR DU POUVOIR...
JEAN-YVES, LE DRIAN BONSOIR !
BONSOIR.

22H00
150 ÉLUS ONT SIGNÉ UNE PÉTITION DANS LE JDD POUR DEMANDER À EMMANUEL MACRON D'ACCÉLERER LE PROCESSUS DE RATTACHEMENT DE LA LOIRE ATLANTIQUE À LA BRETAGNE, EST-CE QUE C'EST UN DOSSIER SUR LEQUEL VOUS ÉCHANGEZ AVEC LE CHEF DE L'ÉTAT ?...
... ET EST-CE QUE CETTE RÉUNIFICATION AURA LIEU À COURT TERME ?
JE N'AI PAS CHANGÉ D'AVIS, JE SUIS FAVORABLE À UN **RÉFÉRENDUM**.
IL FAUT QUE LES HABITANTS DE LOIRE-ATLANTIQUE DISENT CE QU'ILS VEULENT, TOUT SIMPLEMENT, C'EST PAS COMPLIQUÉ !
AH OUAIS QUAND-MÊME !
C'EST TOUT DE MÊME LE NUMÉRO 2 DU GOUVERNEMENT ACTUEL QUI VALIDE L'IDÉE, LÀ !

ÇA C'EST UN SOUTIEN DE POIDS ! MAIS L'INVERSE AURAIT ÉTÉ ÉTONNANT, SUR LA RÉUNIFICATION, LE DRIAN A TOUJOURS ÉTÉ COHÉRENT.
IL A TOUJOURS ÉTÉ POUR.
POUR QUOI ?
POUR LE RÉFÉRENDUM.
DANS LES DIRES, OUI, MAIS DANS LES FAITS... NOMBRE DE MES SOURCES RELATIVISENT...
... SA DÉTERMINATION...
BAH ? TU VAS OÙ ?
IL VA OÙ ? JE L'AI VEXÉ TU CROIS ?
NOOON... IL DOIT ÊTRE AUX ARCHIVES.
OU PEUT-ÊTRE AU SPA...
AU SPA ?!!
OUI, JE NOUS AI DESSINÉ UN ESPACE DÉTENTE APRÈS LES ARCHIVES. Y'A TOUT ! BALNÉO, JACUZZI À 39°, JETS MASSANTS !!

DITES LES GARS, PASSONS AU BUREAU.
BEN OUI ! Y'A PLUS QU'À SE METTRE EN MAILLOT DE BAIN !
MAIS... IL EST OPÉRATIONNEL ?
J'AI QUELQUE CHOSE À VOUS MONTRER...
JE VAIS METTRE L'EAU À CHAUFFER, JE REVIENS !
OK !
J'AI RETROUVÉ ÇA DANS LES ARCHIVES...
Le Monde
ARCHIVES
INAUGURANT LA FOIRE DE LORIENT " L'essentiel de l'emploi est entre les mains de l'entreprise privée " déclare M. Defferre
Lorient. - Inaugurant
oire-exposition de Lorient, qui, pour sa vingtième édition,
acquiert, pour la
mension internationale, M. Gaston Defferre, ministre d'État,
ministre de l'in
ntralisation, s'est adressé aux chefs d'entreprise en la personne de
M. Laudren,
bre de commerce et d'industrie du Morbihan.
Le mini
particulièrement conscients du rôle joué par les chefs
tuelle, pour combattre le chômage, il ne suffit pas de
efs d'entreprise soient suffisamment conscients du présent
tre les mains de l'entreprise privée. "
qui peut leur permettre de mieux manifester leur différence, a
député socialiste, M. Jean-Yves Le Drian. Sans remettre en cause
votre attention sur le symbole et la cohérence que
nt de la Loire-Atlantique à la Bretagne. C'est une question
tre part dans l'œuvre de décentralisation vigoureuse que
était là un débat qui avait sa place au sein du
u'il était imaginable qu'un membre du gouvernement
décentralisation. " Vous serez les maîtres chez vous ;
rez beaucoup d'argent et vous aurez le sens des
lopper tous les aspects de votre économie, de votre langue,
particulier pour la Bretagne. Seuls la Corse et les DOM-
mais, dans un même cadre juridique, rien n'em

LORIENT - 26 SEPTEMBRE 1981
FRANÇOIS MITTERRAND A ÉTÉ ÉLU PRÉSIDENT DE LA RÉPUBLIQUE QUELQUES MOIS AUPARAVANT. LE DRIAN, LUI, VIENT D'ÊTRE ÉLU MAIRE DE LORIENT À LA PLACE DE JEAN LAGARDE GRÂCE À UN PUTSCH À L'INTÉRIEUR DE SA PROPRE MAJORITÉ. IL EST ÉGALEMENT DÉPUTÉ DU MORBIHAN. IL A 34 ANS ET AUJOURD'HUI IL INAUGURE POUR LA PREMIÈRE FOIS À LORIENT LA FOIRE-EXPOSITION D'ENVERGURE...
FOIRE EXPO
... IN-TER-NA-TIO-NALE !!!
FLASH
L'INVITÉ DE LA JOURNÉE EST GASTON DEFFERRE MINISTRE DE L'INTÉRIEUR ET DE LA DÉCENTRALISATION. LE CADOR SOCIALISTE EST MAIRE LUI AUSSI. IL TRÔNE SUR MARSEILLE.
IL CONNAÎT LE DRIAN DEPUIS SES PREMIERS PAS À L'ASSEMBLÉE. IL SAIT CE QUE REPRÉSENTE UNE UNE FOIRE-EXPO POUR UNE VILLE.
JEAN-YVES, QUAND EST-CE QUE TU COMPTES ALLER CHEZ LE COIFFEUR ? FAIS ATTENTION, TU VAS DEVENIR AUSSI VILAIN QU'EDGAR FAURE !
HAHAHA
HAHAH
HAHAHA

NOUS SOMMES PARTICULIÈREMENT CONSCIENTS DU RÔLE JOUÉ PAR LES CHEFS D'ENTREPRISE...
... POUR SORTIR DE LA SITUATION ACTUELLE, POUR COMBATTRE LE CHÔMAGE, IL NE SUFFIT PAS DE MESURES ADMINISTRATIVES...
IL FAUT QUE LES CHEFS D'ENTREPRISE SOIENT SUFFISAMMENT CONSCIENTS DU PRÉSENT ET DE L'AVENIR, L'ESSENTIEL DE L'EMPLOI EST ENTRE LES MAINS DE L'ENTREPRISE PRIVÉE !
LE DRIAN SAIT QUE DEFFERRE TRAVAILLE SUR UNE LOI DE DÉCENTRALISATION DANS LAQUELLE LA QUESTION DE LA RÉUNIFICATION POURRAIT ÊTRE SOULEVÉE. IL PROFITE ALORS DE LA TRIBUNE...
LES BRETONS SONT SENSIBLES À TOUT CE QUI PEUT LEUR PERMETTRE DE MIEUX MANIFESTER LEUR DIFFÉRENCE...

SANS REMETTRE EN CAUSE L'ENSEMBLE DU DÉCOUPAGE RÉGIONAL, J'ATTIRE VOTRE ATTENTION SUR LE **SYMBOLE** ET LA **COHÉRENCE** QUE REPRÉSENTE POUR LES BRETONS **LE RATTACHEMENT DE LA LOIRE-ATLANTIQUE À LA BRETAGNE** !
C'EST UNE QUESTION QUI MÉRITE UN INTÉRÊT TOUT PARTICULIER DE VOTRE PART DANS L'OEUVRE DE DÉCENTRALISATION VIGOUREUSE QUE VOUS AVEZ ENTREPRISE !
HUM HUM...
CLAP CLAP CLAP CLAP CLAP CLAP CLAP CLAP
C'EST LÀ UN DÉBAT QUI A SA PLACE AU SEIN DU GOUVERNEMENT ET À L'ASSEMBLÉE NATIONALE...

... ET IL EST INIMAGINABLE QU'UN MEMBRE DU GOUVERNEMENT PUISSE SEUL RÉPONDRE À UNE QUESTION AUSSI DÉLICATE.
GRÂCE À LA DÉCENTRALISATION QUE NOUS PROPOSONS, VOUS SEREZ LES MAÎTRES CHEZ VOUS ! VOUS POURREZ DÉCIDER VITE ! VOUS ÉCONOMISEREZ BEAUCOUP D'ARGENT ET VOUS AUREZ LE SENS DES RESPONSABILITÉS !
AINSI VOUS POURREZ DÉVELOPPER TOUS LES ASPECTS DE VOTRE **ÉCONOMIE** !
DE VOTRE **LANGUE** !
DE VOTRE **CULTURE** !
DE VOTRE **FOLKLORE** !
CLAP
CLAP
CLAP
CLAP
CLAP
CLAP
CLAP
CLAP
CLAP
CLAP

LE DRIAN REDESCEND DE SCÈNE EMBARASSÉ, CETTE FUTURE LOI EST UNE AVANCÉE ÉVIDENTE, FINI LES PRÉFETS QUI DÉCIDENT DE TOUT, LES ÉLUS VONT RÉCUPERER DAVANTAGE DE POUVOIR,
ON LE RASSURE SUR UNE OUVERTURE À VENIR,
ELLES VIENNENT DU FINISTÈRE, DU MORBIHAN, DES CÔTES-DU-NORD, D'ILLE-ET-VILAINE OU DE LOIRE-ATLANTIQUE! L'UNE D'ENTRE ELLES SERA ÉLUE MISS BRETAGNE AFIN D'ALLER CONCOURIR POUR LE TITRE DE MISS FRANCE! JE VOUS DEMANDE DE LES APPLAUDIR BIEN FORT!!!
TU VOIS, JEAN-YVES, CE SOIR, LA BRETAGNE SERA UNIFIÉE DÉMOCRATIQUEMENT!
POURQUOI REFUSER LE SUJET DE LA RÉUNIFICATION ?!
ET ALORS ?!!!

ET ALORS ?
BAAAH...
RIEN.
1981
LE DRIAN ESPÉRAIT PROFITER DES LOIS DEFFERRE SUR LA DÉCENTRALISATION POUR LE CONVAINCRE DE REVOIR LES LIMITES RÉGIONALES...
NOMBRE DES DÉFENSEURS DE LA RÉUNIFICATION ESTIMENT AVOIR RATÉ LE COCHE À CE MOMENT DE L'HISTOIRE.
LA LOI DEFFERRE A NOTAMMENT PERMIS L'ÉMERGENCE DES RÉGIONS EN TANT QUE **COLLECTIVITÉS INDÉPENDANTES**. JUSQU'ALORS, CES ENTITÉS RELEVAIENT DE LA CHAMBRE D'ENREGISTREMENT.
AVANT, LES PRÉFETS DÉCIDAIENT DE TOUT POUR LES RÉGIONS. **LA BRETAGNE ÉTAIT SOUS TUTELLE DE L'ÉTAT**...
...ALORS LA LOI DEFFERRE SONNAIT COMME UNE **PROMESSE DE LIBERTÉ** POUR LES ÉLUS LOCAUX.
NI JEAN-YVES LE DRIAN NI LES AUTRES ÉDILES N'ONT INSISTÉ POUR RÉINTÉGRER LA LOIRE-ATLANTIQUE À LA BRETAGNE. LES PROS-RÉUNIFICATION ONT VRAIMENT EU LE SENTIMENT **DE LAISSER PASSER UNE CHANCE HISTORIQUE** !
ÇA VEUT DIRE QUOI "ÉDILE" ?
CE SONT LES MAGISTRATS MUNICIPAUX DES GRANDES VILLES.

QUITTE À REVOIR L'ORGANISATION DU PAYS, POURQUOI DEFFERRE A-T-IL REFUSÉ DE RÉINTEGRER LA LOIRE-ATLANTIQUE À LA BRETAGNE ?
LUI POURRAIT NOUS RÉPONDRE !
?
?
ÉRIC GIUILY
Président
VOIR LA BIOGRAPHIE
C'EST UN EX-DIRECTEUR GÉNÉRAL DE FRANCE 2 ET DE L'AFP. IL A FONDÉ CLAI, UN CABINET DE COM' D'ENTREPRISE ET INSTITUTIONNELLE, EN 1981 IL ÉTAIT L'UN DES CONSEILS DE DEFFERRE. IL AVAIT 29 ANS.
ALORS ?
C'EST BON !
C'EST LUI QUI A ÉCRIT LA LOI DEFFERRE !!!
ON VA L'APPELER !
HEU, BENJAMIN...
IL EST PRESQUE MINUIT LÀ QUAND-MÊME. ÇA M'ÉTONNERAIT QU'IL DÉCROCHE.
?
ET PUIS J'AI QUELQUE CHOSE À TE MONTRER MOI AUSSI !

ON N'EST PAS BIEN LÀ ?!!
SI, SI ... MAIS DEMAIN MATIN, 9H30, TOUT LE MONDE SUR LE PONT !
LE LENDEMAIN MATIN, 9H30
OUIII, BONJOUR, BENJAMIN KELTZ, JOURNALISTE. J'AURAIS SOUHAITÉ M'ENTRETENIR AVEC MONSIEUR GIULY AU SUJET DE ...
Y'A UN LIEN AVEC LUDOVIC GIULY TU CROIS ?
JE NE CROIS PAS, NON.
CABINET D'ÉRIC GIULY
12 PLACE BERGSON, PARIS
MONSIEUR LE DIRECTEUR, J'AI BENJAMIN KELTZ AU TÉLÉPHONE, IL SOUHAITERAIT VOUS INTERVIEWER ...
TRÈS BIEN, PASSEZ LE MOI S'IL VOUS PLAIT

SAUF ERREUR, VOUS AVEZ RÉDIGÉ LA LOI DEFFERRE AU DÉBUT DU SEPTENNAT DE FRANÇOIS MITTERRAND.
EXACT. J'ÉTAIS DANS LE CABINET DE GASTON DEFFERRE LORSQU'IL EST ARRIVÉ À L'INTÉRIEUR. DES EFFORTS AVAIENT ÉTÉ FAITS SUR LA QUESTION DE LA DÉCENTRALISATION MAIS ÇA BLOQUAIT.
NOUS DEVIONS ALLER VITE ET ADOPTER UN TEXTE DANS LES CENT PREMIERS JOURS DU SEPTENNAT... DANS L'EXERCICE DU POUVOIR, PLUS ON ATTEND, MOINS LA CAPACITÉ RÉFORMATRICE D'UN GOUVERNEMENT EST AISÉE.
LA DÉCENTRALISATION ÉTAIT UNE PROMESSE DU CANDIDAT MITTERRAND. NOUS DEVIONS CRÉER L'IRRÉVERSIBLE.
EN BRETAGNE, BEAUCOUP ESTIMENT QUE LA LOI DEFFERRE A ÉTÉ UNE OCCASION RATÉE POUR LA RÉUNIFICATION DE LA RÉGION.
QU'EN EST-IL ?
LA RÉPONSE EST PLUS GÉNÉRALE QUE LE CAS DE LA LOIRE-ATLANTIQUE. NOUS AVONS DÉCIDÉ DE TRAVAILLER PAR ÉTAPES :

LA PREMIÈRE D'ENTRE ELLES CONCERNAIT LA GOUVERNANCE ET DONC LES COMPÉTENCES AINSI QUE LES MOYENS HUMAINS ET FINANCIERS DES COLLECTIVITÉS.
NOTRE PROJET A PROVOQUÉ DES RÉACTIONS PASSIONNELLES...
NOUS AVONS DONC DÉCIDÉ DE NE PAS TOUCHER AUX STRUCTURES EXISTANTES ET NOTAMMENT AUX DÉLIMITATIONS TERRITORIALES...
C'EST VRAI POUR LA BRETAGNE ET LA LOIRE ATLANTIQUE COMME POUR LES 36 000 COMMUNES DU PAYS ET LES INTERCOMMUNALITÉS.
NOTRE **PRIORITÉ**, C'ÉTAIT DE RÉUSSIR À **DÉCENTRALISER** L'EXÉCUTIF AUX ÉLUS LOCAUX.
LA THÉORIE DE L'ONDE DE CHOC :
D'ABORD, ON CRÉE LE MÉCANISME QUI DÉSTABILISE ET DÉGRIPPE LE SYSTÈME.
NOUS N'AVONS PAS PU TOUT TRAITER MAIS LES CHOSES ARRIVENT PROGRESSIVEMENT.
UNE FOIS LES BRÈCHES OUVERTES, LES ÉLUS LOCAUX AURAIENT DONC PU S'ENGOUFFRER DEDANS...
EXACTEMENT
JE N'AI PAS LE SOUVENIR D'AVOIR SENTI UNE INTENTION FORTE DES ÉLUS BRETONS POUR LA RÉUNIFICATION...

AUTANT LE CABINET A DÛ AFFRONTER LA PRESSION D'UN DÉPUTÉ DES LANDES CONCERNANT LA PROMESSE DE CAMPAGNE DE FRANÇOIS MITTERRAND QUANT À LA CRÉATION D'UN DÉPARTEMENT BASQUE ...
... AUTANT CONCERNANT LES BRETONS, JE N'AI PAS LE SOUVENIR QU'ILS AIENT PRODUIT UN INTENSE LOBBYING...
... ET QUAND BIEN MÊME ILS L'AURAIENT FAIT...
... ÇA N'AURAIT RIEN CHANGÉ.
JE VOIS...
PSSSIIIT! PHIL!
?
EH BIEN IL ME RESTE À VOUS REMERCIER MONSIEUR GUILLY
JE VOUS EN PRIE VOYONS
PENDANT QUE BENOÎT MET SES NOTES AU PROPRE, JE TE PRENDS AU BILLARD.
DEUX MANCHES GAGNANTES
OK
PHILIPPE ?!
BAH...
PHILIPPE, T'ES OÙ ?
AH...
DÉSOLÉ!
JE VAIS DEVOIR Y ALLER.

AH, T'ES LÀ ! JE ... VOUS DÉRANGE PEUT-ÊTRE ?
NON, NON ! PENSES-TU !
EUDES M'AIDAIT À RETROUVER MES CARNETS.
TIENS, VIENS VOIR :
GUILY AVAIT RAISON !
LES ÉLUS BRETONS NE SEMBLAIENT PAS DÉTERMINÉS SUR LA QUESTION DE LA RÉUNIFICATION DANS LES ANNÉES 80... ET LÀ, J'AI UN EXTRAIT DE MON ENTRETIEN AVEC BERNARD POIGNANT.
C'EST QUI ?
L'ANCIEN DÉPUTÉ-MAIRE DE QUIMPER ET CONSEILLER SPÉCIAL DE FRANÇOIS HOLLANDE ENTRE 2012 ET 2017.
VOICI CERTAINES DE SES NOTES.
TU SAIS QU'IL ENVOIE TOUJOURS DES NOTES...
À QUI ?
MACRON, FERRAND, HOLLANDE ...
À QUI VEUT BIEN LES LIRE.
REGARDE CE DOCUMENT :
ENVOYÉ EN 2018 À EMMANUEL MACRON ET PATRICK STRZODA, SON DIRECTEUR DE CABINET.
DEDANS, POIGNANT RACONTE SON SOUVENIR DE 1981 ENTRE MINISTRES, DÉPUTÉS ET SÉNATEURS DE BRETAGNE ET DE LOIRE-ATLANTIQUE.

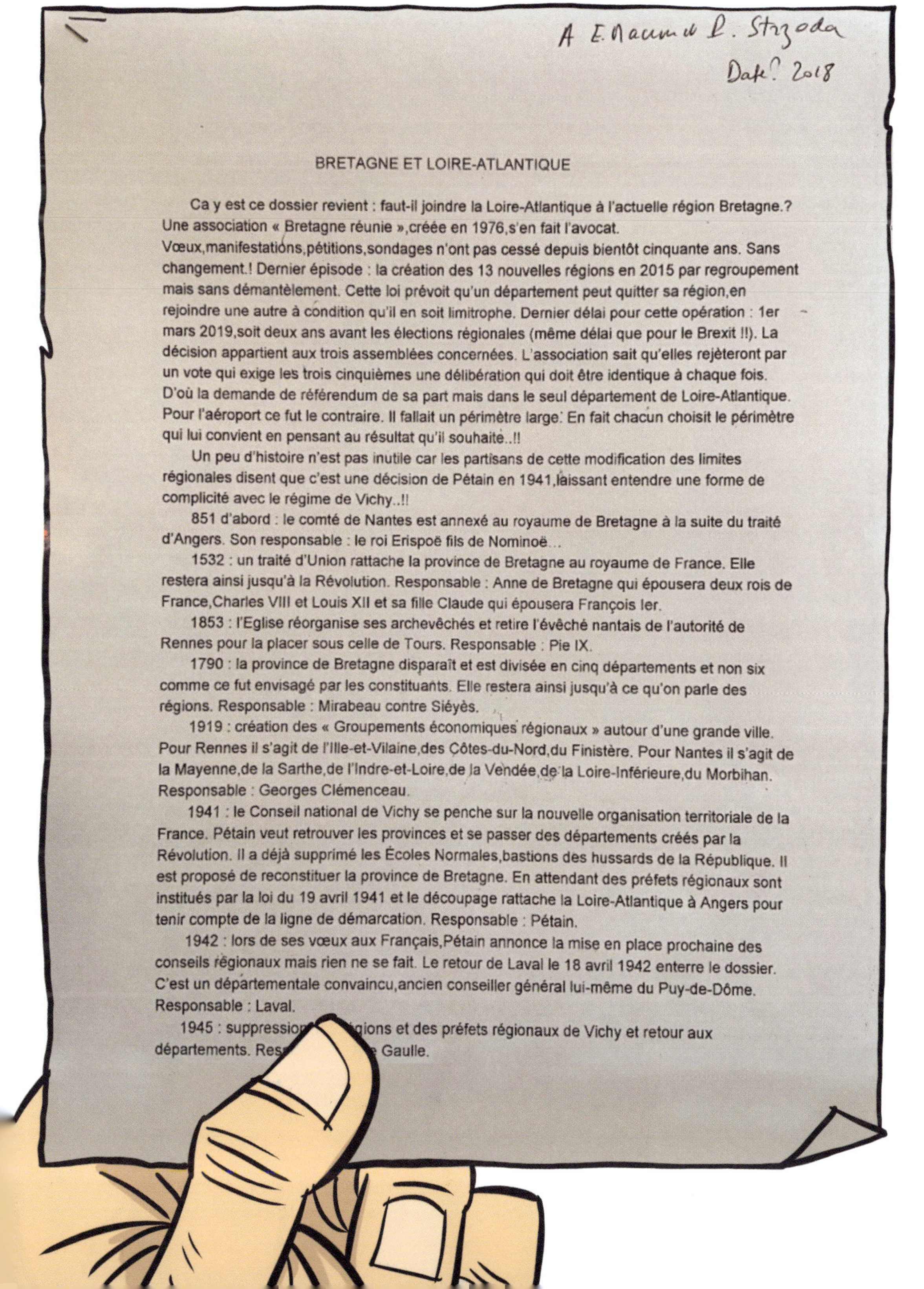

A E. Macron et L. Strzoda
Date ? 2018

BRETAGNE ET LOIRE-ATLANTIQUE

Ca y est ce dossier revient : faut-il joindre la Loire-Atlantique à l'actuelle région Bretagne.? Une association « Bretagne réunie »,créée en 1976,s'en fait l'avocat. Vœux,manifestations,pétitions,sondages n'ont pas cessé depuis bientôt cinquante ans. Sans changement.! Dernier épisode : la création des 13 nouvelles régions en 2015 par regroupement mais sans démantèlement. Cette loi prévoit qu'un département peut quitter sa région,en rejoindre une autre à condition qu'il en soit limitrophe. Dernier délai pour cette opération : 1er mars 2019,soit deux ans avant les élections régionales (même délai que pour le Brexit !!). La décision appartient aux trois assemblées concernées. L'association sait qu'elles rejèteront par un vote qui exige les trois cinquièmes une délibération qui doit être identique à chaque fois. D'où la demande de référendum de sa part mais dans le seul département de Loire-Atlantique. Pour l'aéroport ce fut le contraire. Il fallait un périmètre large. En fait chacun choisit le périmètre qui lui convient en pensant au résultat qu'il souhaite..!!

Un peu d'histoire n'est pas inutile car les partisans de cette modification des limites régionales disent que c'est une décision de Pétain en 1941,laissant entendre une forme de complicité avec le régime de Vichy..!!

851 d'abord : le comté de Nantes est annexé au royaume de Bretagne à la suite du traité d'Angers. Son responsable : le roi Erispoë fils de Nominoë...

1532 : un traité d'Union rattache la province de Bretagne au royaume de France. Elle restera ainsi jusqu'à la Révolution. Responsable : Anne de Bretagne qui épousera deux rois de France,Charles VIII et Louis XII et sa fille Claude qui épousera François Ier.

1853 : l'Eglise réorganise ses archevêchés et retire l'évêché nantais de l'autorité de Rennes pour la placer sous celle de Tours. Responsable : Pie IX.

1790 : la province de Bretagne disparaît et est divisée en cinq départements et non six comme ce fut envisagé par les constituants. Elle restera ainsi jusqu'à ce qu'on parle des régions. Responsable : Mirabeau contre Siéyès.

1919 : création des « Groupements économiques régionaux » autour d'une grande ville. Pour Rennes il s'agit de l'Ille-et-Vilaine,des Côtes-du-Nord,du Finistère. Pour Nantes il s'agit de la Mayenne,de la Sarthe,de l'Indre-et-Loire,de la Vendée,de la Loire-Inférieure,du Morbihan. Responsable : Georges Clémenceau.

1941 : le Conseil national de Vichy se penche sur la nouvelle organisation territoriale de la France. Pétain veut retrouver les provinces et se passer des départements créés par la Révolution. Il a déjà supprimé les Écoles Normales,bastions des hussards de la République. Il est proposé de reconstituer la province de Bretagne. En attendant des préfets régionaux sont institués par la loi du 19 avril 1941 et le découpage rattache la Loire-Atlantique à Angers pour tenir compte de la ligne de démarcation. Responsable : Pétain.

1942 : lors de ses vœux aux Français,Pétain annonce la mise en place prochaine des conseils régionaux mais rien ne se fait. Le retour de Laval le 18 avril 1942 enterre le dossier. C'est un départementale convaincu,ancien conseiller général lui-même du Puy-de-Dôme. Responsable : Laval.

1945 : suppression ... gions et des préfets régionaux de Vichy et retour aux départements. Res... Gaulle.

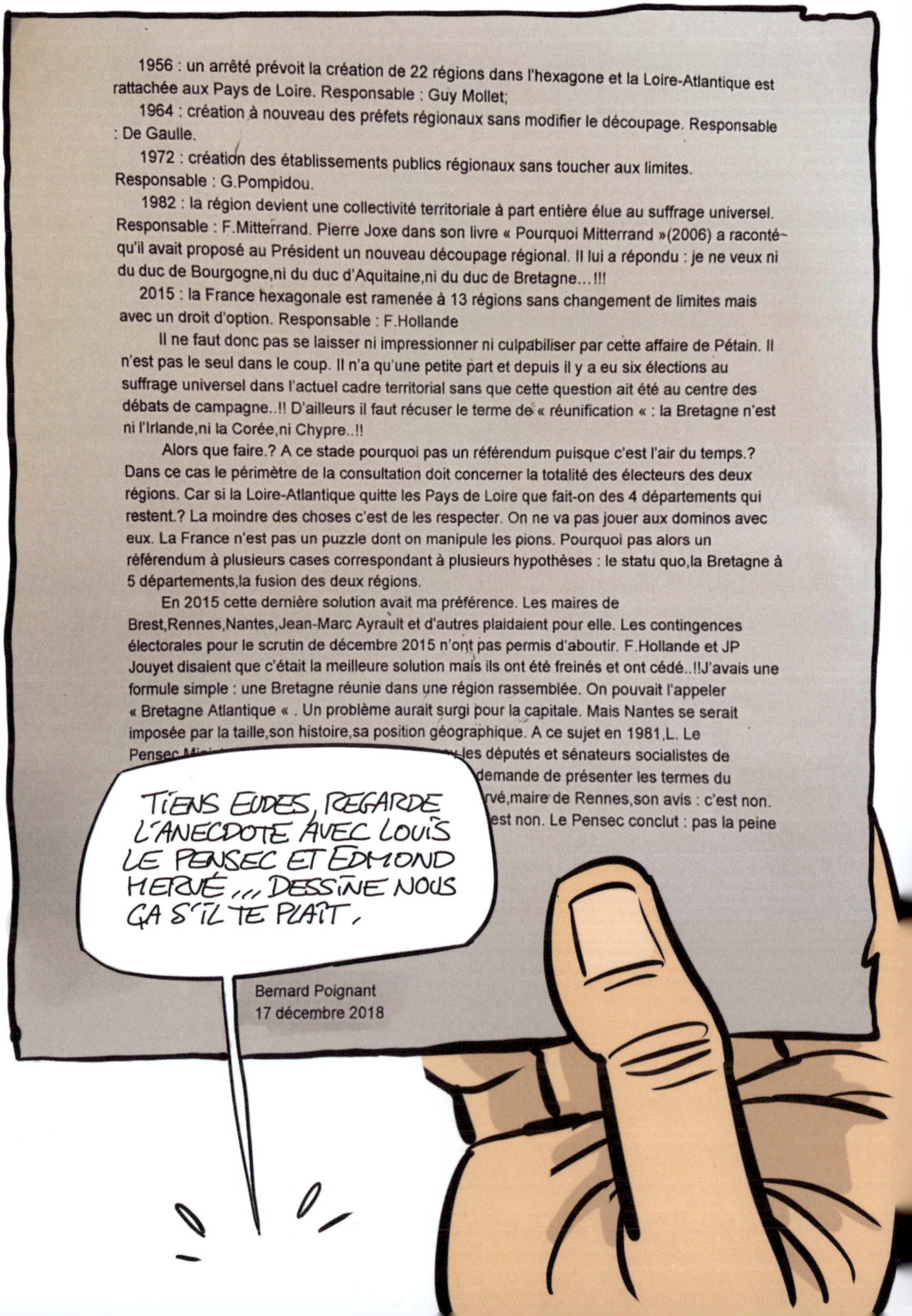

1956 : un arrêté prévoit la création de 22 régions dans l'hexagone et la Loire-Atlantique est rattachée aux Pays de Loire. Responsable : Guy Mollet;

1964 : création à nouveau des préfets régionaux sans modifier le découpage. Responsable : De Gaulle.

1972 : création des établissements publics régionaux sans toucher aux limites. Responsable : G.Pompidou.

1982 : la région devient une collectivité territoriale à part entière élue au suffrage universel. Responsable : F.Mitterrand. Pierre Joxe dans son livre « Pourquoi Mitterrand »(2006) a raconté qu'il avait proposé au Président un nouveau découpage régional. Il lui a répondu : je ne veux ni du duc de Bourgogne,ni du duc d'Aquitaine,ni du duc de Bretagne…!!!

2015 : la France hexagonale est ramenée à 13 régions sans changement de limites mais avec un droit d'option. Responsable : F.Hollande

Il ne faut donc pas se laisser ni impressionner ni culpabiliser par cette affaire de Pétain. Il n'est pas le seul dans le coup. Il n'a qu'une petite part et depuis il y a eu six élections au suffrage universel dans l'actuel cadre territorial sans que cette question ait été au centre des débats de campagne..!! D'ailleurs il faut récuser le terme de « réunification « : la Bretagne n'est ni l'Irlande,ni la Corée,ni Chypre..!!

Alors que faire.? A ce stade pourquoi pas un référendum puisque c'est l'air du temps.? Dans ce cas le périmètre de la consultation doit concerner la totalité des électeurs des deux régions. Car si la Loire-Atlantique quitte les Pays de Loire que fait-on des 4 départements qui restent.? La moindre des choses c'est de les respecter. On ne va pas jouer aux dominos avec eux. La France n'est pas un puzzle dont on manipule les pions. Pourquoi pas alors un référendum à plusieurs cases correspondant à plusieurs hypothèses : le statu quo,la Bretagne à 5 départements,la fusion des deux régions.

En 2015 cette dernière solution avait ma préférence. Les maires de Brest,Rennes,Nantes,Jean-Marc Ayrault et d'autres plaidaient pour elle. Les contingences électorales pour le scrutin de décembre 2015 n'ont pas permis d'aboutir. F.Hollande et JP Jouyet disaient que c'était la meilleure solution mais ils ont été freinés et ont cédé..!!J'avais une formule simple : une Bretagne réunie dans une région rassemblée. On pouvait l'appeler « Bretagne Atlantique « . Un problème aurait surgi pour la capitale. Mais Nantes se serait imposée par la taille,son histoire,sa position géographique. A ce sujet en 1981,L. Le Pensec … les députés et sénateurs socialistes de … demande de présenter les termes du … rvé,maire de Rennes,son avis : c'est non. … est non. Le Pensec conclut : pas la peine

Bernard Poignant
17 décembre 2018

1981 - MINISTÈRE DE LA MER
BERNARD, PEUX-TU PRÉSENTER LES TERMES DU DOSSIER ?
ALAIN CHÉNARD DÉPUTÉ-MAIRE DE NANTES
LOUIS LE PENSEC MINISTRE DE LA MER
BERNARD POIGNANT
EDMOND HERVÉ MINISTRE ET MAIRE DE RENNES
BLABLABLA FRONTIÈRES BLABLABLA BLABLABLA BLABLA ANNE DE BRETAGNE BLABLABLA BLABLABLABLA 1941 BLABLABLABLABLA...
... LA RÉUNIFICATION DE LA BRETAGNE POSERAIT LA QUESTION DE LA CAPITALE RÉGIONALE : RENNES OU NANTES ?
EDMOND, ES-TU POUR ?
NON.
ALAIN, ES-TU POUR ?
NON.
ALORS C'EST SIMPLE, LE BUFFET EST LÀ...

MAI 2021
MESDAMES, MESSIEURS, BONSOIR...
EN JUIN, VOUS VOTEREZ POUR RENOUVELER LE CONSEIL RÉGIONAL DE BRETAGNE. AVANT LE SCRUTIN, LES RÉDACTIONS DE TÉBÉO, TÉBÉSUD ET LE TÉLÉGRAMME ONT RÉUNI LES PRINCIPAUX PRÉTENDANTS À L'ÉLECTION POUR UN DÉBAT ENREGISTRÉ ICI, DANS LA NEF DES CAPUCINS À BREST.
RN
LFI
PS + PC + DIVERS GAUCHE
LR
LREM
ECOLOGISTES +AUTONOMISTES
C'EST MARRANT DE VOIR PHIL À L'ÉCRAN, IL FAIT BEAUCOUP PLUS SÉRIEUX À LA TÉLÉ !
CHUUUT !
QUE PENSEZ-VOUS DE LA MUE DU MODÈLE AGRICOLE BRETON ?
NOUS SOMMES ALLÉS TROP LOIN,
NOURRIR LE MONDE,
NOUS AVONS UNE AGRICULTURE DE QUALITÉ !
ÉVOLUER DOUCEMENT...
CHANGEMENT DE MODÈLE RADICAL !!

QUID DE LA RÉUNIFICATION DE LA BRETAGNE ?
RÉFÉRENDUM !
LE SENS DE L'HISTOIRE !
ÉVIDEMMENT !
OUI À UNE BRETAGNE À CINQ,
RÉFÉRENDUM !
QUEL ENTHOUSIASME SUR LA QUESTION !
OH BEN NON, L'ENLÈVE PAS, ÇA TE VA BIEN !
POUR SE MARIER, IL FAUT-ÊTRE DEUX !
REGARDEZ ÇA ...

BIENVENUE À NOTRE DÉBAT ///

/// SPÉCIAL ÉLECTIONS RÉGIONALES 2021 EN PAYS-DE-LA-LOIRE !

LE DÉPARTEMENT DE LA LOIRE-ATLANTIQUE DOIT-IL REJOINDRE LA BRETAGNE ?
QUE PENSEZ-VOUS DES PÉRIMÈTRES ACTUELS DE LA LOIRE-ATLANTIQUE ET DE LA BRETAGNE ?
NON !
ET LES AUTRES DÉPARTEMENTS DES PAYS-DE-LA-LOIRE ?
PS+PC +DIVERS GAUCHE

DÉSÉQUILIBRE ASSURÉ.
RN
RÉFÉRENDUM EN LOIRE-ATLANTIQUE
MATTHIEU ORPHELIN
ECOLOS +LFI
JE SUIS CHOQUÉE QUE CERTAINS PRÔNENT LE DÉMANTÈLEMENT DES PAYS-DE-LA-LOIRE !
CHRISTELLE MORANÇAIS
LR
OUI À UNE CONSULTATION DES CINQ DÉPARTEMENTS.
FRANÇOIS DE RUGY
LREM
EEEH BEN... PAS GAGNÉ CETTE HISTOIRE...
ET LE DÉBAT DÉPARTEMENTAL EN LOIRE-ATLANTIQUE A SENSIBLEMENT DONNÉ LA MÊME CHOSE...

LE LENDEMAIN
AU DÉBUT, JE PENSAIS QUE L'HISTOIRE DE LA RÉUNIFICATION ÉTAIT CELLE D'UN BRAS DE FER, MAIS EN FAIT...
HMMM...
C'EST UN POKER MENTEUR, VOTRE HISTOIRE !
CHOCO CRUNCH
J'AIME BIEN LA FORMULE.
ET ENCORE, TU NE CONNAIS PAS L'ÉPISODE DE 2014.
LE 3 JUIN 2014, **FRANÇOIS HOLLANDE** A DÉVOILÉ UNE **NOUVELLE CARTE DES RÉGIONS**. LE TRAVAIL DE REFONTE PRÉALABLE S'EST TRANSFORMÉ EN UN FOLKLORIQUE JEU DE BILLARD À QUINZE BANDES...
CETTE RÉFORME A MÊME ÉTÉ UNE GUERRE DE TRANCHÉES DANS LA FAMILLE SOCIALISTE. **ÇA TIRAIT DANS TOUS LES SENS** !!
VRAIMENT ?
AFFIRMATIF. **LA RÉFORME DES RÉGIONS DE HOLLANDE AURAIT PU ÊTRE LE TOURNANT DE L'HISTOIRE DE LA RÉUNIFICATION**. MAIS LE CHEF DE L'ÉTAT A AFFRONTÉ **UN INTENSE LOBBYING** DANS SON PROPRE CAMP ENTRE LES DÉFENSEURS DE LA RÉUNIFICATION, CEUX D'UN STATU QUO, CEUX DE LA FUSION DE LA BRETAGNE ET DES PAYS-DE-LA-LOIRE, D'AUTRES PLAIDANT POUR LE MARIAGE DES PAYS DE LA LOIRE AVEC D'AUTRES RÉGIONS.
LES JOURS PRÉCÉDANT L'ANNONCE, HOLLANDE N'A CESSÉ DE CHANGER D'AVIS SUR LE POSITIONNEMENT DE LA FRONTIÈRE BRETONNE.

ÇA COMMENCE LORSQUE LES MAIRES SOCIALISTES DES MÉTROPOLES DE LA BRETAGNE HISTORIQUE CONVOQUENT LA PRESSE UNE SEMAINE AVANT LA DÉCISION DE FRANÇOIS HOLLANDE...
25 MAI 2014
FRANÇOIS CUILLANDRE (BREST)
JOHANNA ROLLAND (NANTES)
DAVID SAMZUN (St NAZAIRE)
NATHALIE APPÉRÉ (RENNES)
EMMANUEL COUET (PRÉSIDENT DE RENNES MÉTROPOLE)
UNE SOLUTION LOGIQUE.
LES SYNERGIES EXISTENT DÉJÀ.
LA MEILLEURE SOLUTION EST DE COMPOSER UN GRAND OUEST.
FLASH
NOUS AVONS BESOIN D'UNE RÉGION FORTE QUI PUISSE SE DÉFENDRE AU SEIN DE L'EUROPE.
FLASH
IL NE FAUT PAS QUE CETTE RÉFORME AIT L'AIR D'UN MÉCANO INSTITUTIONNEL QUI NE LAISSERAIT PAS DE PLACE AUX PRÉOCCUPATIONS DES CITOYENS.
LES MAIRES NE VOULAIENT PAS DE LA RÉUNIFICATION.
ILS PLAIDAIENT SINCÈREMENT POUR UN GRAND OUEST.

PLUS TARD, CERTAINS DIRONT QU'IL S'AGISSAIT DE "LA MOINS MAUVAISE DES SOLUTIONS"... NOMBRE DE CES MAIRES S'AGAÇAIENT D'AVOIR À SE POSITIONNER DANS UN PROJET DE RÉFORME "BRICOLÉ", "À LA VA-VITE", "SANS COHÉRENCE"...
J'AI RENCONTRÉ JACQUES AUXIETTE, ALORS PRÉSIDENT DE LA RÉGION PAYS-DE-LA-LOIRE DE 2004 À 2015... C'ÉTAIT UN FAROUCHE OPPOSANT À LA RÉUNIFICATION.
EN FÉVRIER 2021, QUELQUES SEMAINES AVANT SON DÉCÈS, IL M'A RACONTÉ CETTE SEMAINE DE LOBBYING PRÉCÉDANT L'ANNONCE DE HOLLANDE...
VOUS PARLIEZ DE LA RÉUNIFICATION DE LA BRETAGNE COMME D'UNE ANNEXION...
OUI !
ET JE POURRAIS AUSSI DIRE "DÉPEÇAGE" !
DANS LA RÉGION PAYS-DE-LA-LOIRE, LA LOIRE-ATLANTIQUE REPRÉSENTE 40% DU TERRITOIRE. IL S'AGIT D'UN DÉPARTEMENT À LA DIMENSION ÉCONOMIQUE IMPORTANTE.
IL ÉTAIT HORS DE QUESTION DE CÉDER.
CERTAINS CRITIQUAIENT NOTRE RÉGION EN DISANT QU'ELLE N'AVAIT PAS D'IDENTITÉ... AU COURS DE MES DOUZE ANNÉES DE PRÉSIDENCE, J'AI TRAVAILLÉ À CRÉER CE SENTIMENT D'IDENTITÉ AVEC LA RECONNAISSANCE DE LA CAPITALE RÉGIONALE :
NANTES.

COMMENT S'EST DÉROULÉE LA SEMAINE AVANT LA DÉCISION DU 3 JUIN 2014 ?
À UN MOMENT, LA RÉGION PAYS-DE-LA-LOIRE EST MARIÉE À LA RÉGION CENTRE ! LORSQUE HOLLANDE M'APPELLE POUR M'EN INFORMER, JE GUEULE COMME PAS POSSIBLE !
SI CETTE HYPOTHÈSE AVAIT ÉTÉ RETENUE, NANTES SE SERAIT RETROUVÉE EXCENTRÉE AU SEIN DE CETTE NOUVELLE COLLECTIVITÉ.
IRRATIONNEL.
J'AI POUSSÉ POUR UNE AUTRE FUSION :
CELLE DES PAYS DE LA LOIRE AVEC LE POITOU-CHARENTES.
SÉGOLÈNE ROYAL, ALORS PRÉSIDENTE DE LA RÉGION ET MINISTRE DE L'ÉCOLOGIE, N'Y ÉTAIT PAS DÉFAVORABLE...
... MAIS L'HYPOTHÈSE D'UNE FUSION DE LA BRETAGNE ET DES PAYS-DE-LA-LOIRE ÉTAIT DÉJÀ DANS LES TUYAUX.
ET ?
À CE MOMENT, JEAN-YVES LE DRIAN EST EN DÉPLACEMENT POUR LE WEEK-END. QUAND IL RENTRE LE DIMANCHE, IL FAIT SAVOIR QU'IL N'EST PAS DU TOUT FAVORABLE À CETTE FUSION.
VOULAIT-IL POUR AUTANT LA RÉUNIFICATION ?
PAS SÛR.
NOUS AVIONS DES RELATIONS TRÈS POSITIVES LORSQUE NOUS ÉTIONS PRÉSIDENTS DE RÉGION. NOUS AVIONS NÉGOCIÉ ENSEMBLE LA LIAISON TGV LE MANS-RENNES ET LA CONSTRUCTION DE L'AÉROPORT DE NOTRE-DAME-DES-LANDES.

JE ME SOUVIENS D'AVOIR ÉVOQUÉ SA VOLONTÉ D'ANNEXION.
LE TON ÉTAIT AMICALEMENT MONTÉ :
POURQUOI TU T'ÉNERVES ? DE TOUTE FAÇON, ÇA SE FERA JAMAIS.
T'ES UN BEAU SALAUD DE DÉFENDRE UNE CAUSE À LAQUELLE TU NE CROIS PAS VRAIMENT !
CET ÉPISODE M'AVAIT CONFORTÉ DANS L'IDÉE DE CONSIDÉRER LE PROJET DE RÉUNIFICATION DE LA BRETAGNE COMME UN ÉLÉMENT D'IDENTIFICATION POLITIQUE POUR CERTAINS.
JE CROYAIS QUE LE DRIAN AVAIT TOUJOURS DÉFENDU LA RÉUNIFICATION ?
IL AVAIT UNE FENÊTRE DE TIR TANDIS QU'IL ÉTAIT LE MINISTRE DES ARMÉES, **LE PRÉFÉRÉ DES FRANÇAIS**, SELON LES SONDAGES, UN PILIER DU GOUVERNEMENT.
À DÉFAUT DE DÉFENDRE LA RÉUNIFICATION, IL A PLAIDÉ POUR LE MAINTIEN DES FRONTIÈRES DE LA BRETAGNE ADMINISTRATIVE.

UN JOUR DE NOVEMBRE 2016, J'AVAIS RENDEZ-VOUS AVEC JEAN-YVES LE DRIAN À L'HÔTEL DE BRIENNE, SIÈGE DU MINISTÈRE DE LA DÉFENSE, À PARIS… JE PRÉPARAIS UNE BIOGRAPHIE DE CELUI QU'ON SURNOMMAIT ALORS LE "MINISTRE DE LA BRETAGNE". IL M'A RACONTÉ SON COUP DE PRESSION SUR FRANÇOIS HOLLANDE :
MONSIEUR LE MINISTRE VA VOUS RECEVOIR…
BON ALORS, REPRENONS !
VOUS CULTIVEZ L'ART DE L'ULTIMATUM, VOUS N'HÉSITEZ PAS À METTRE VOTRE DÉMISSION DANS LA BALANCE POUR OBTENIR GAIN DE CAUSE SUR LE BUDGET DES ARMÉES OU SUR LA RÉFORME DE LA CARTE DES RÉGIONS…
C'EST UN PEU DRAMATISÉ.
JE N'AI PAS FAIT DE CHANTAGE EN 2014.

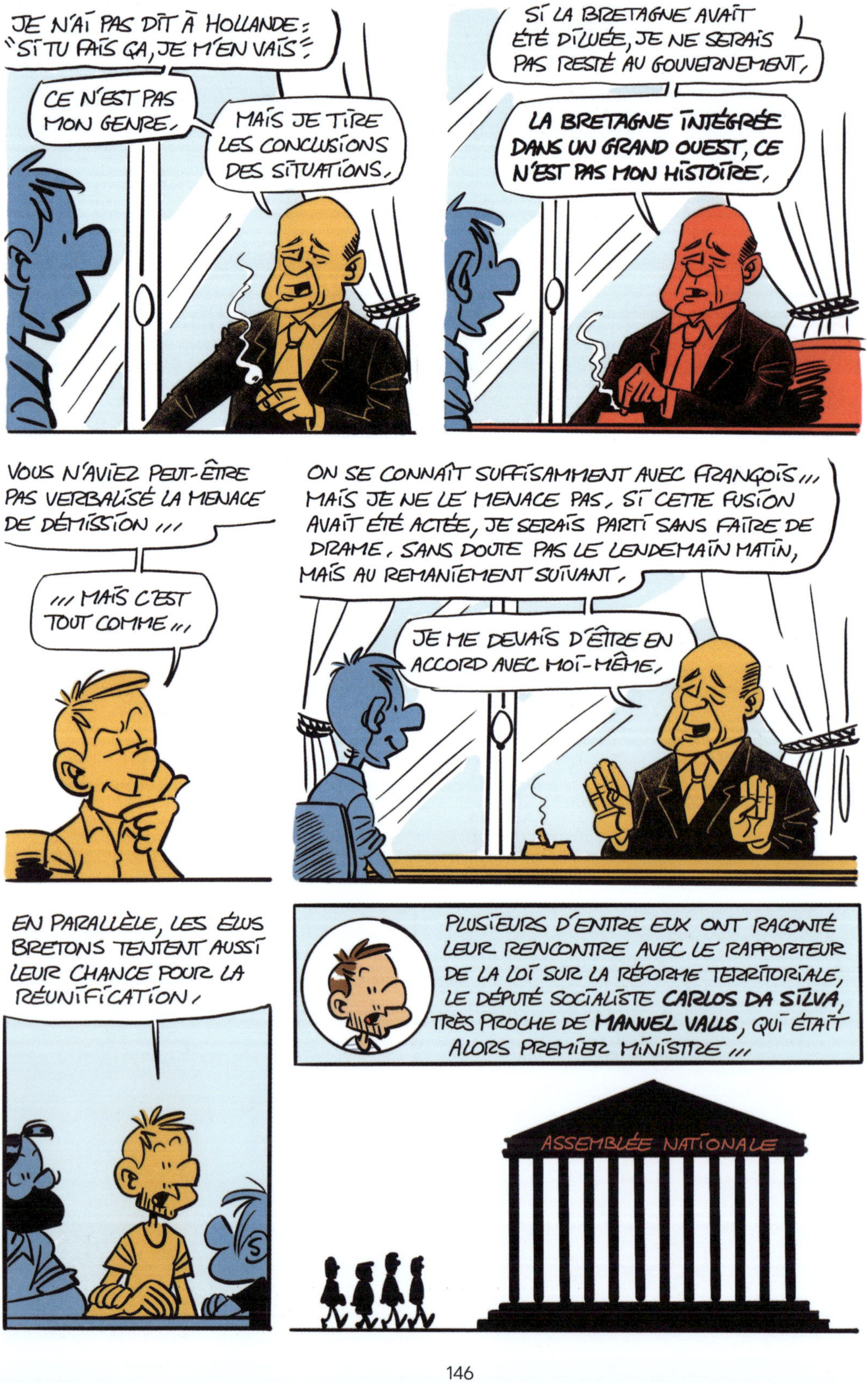

JE N'AI PAS DIT À HOLLANDE : "SI TU FAIS ÇA, JE M'EN VAIS".
CE N'EST PAS MON GENRE.
MAIS JE TIRE LES CONCLUSIONS DES SITUATIONS.
SI LA BRETAGNE AVAIT ÉTÉ DILUÉE, JE NE SERAIS PAS RESTÉ AU GOUVERNEMENT.
LA BRETAGNE INTÉGRÉE DANS UN GRAND OUEST, CE N'EST PAS MON HISTOIRE.
VOUS N'AVIEZ PEUT-ÊTRE PAS VERBALISÉ LA MENACE DE DÉMISSION...
... MAIS C'EST TOUT COMME...
ON SE CONNAÎT SUFFISAMMENT AVEC FRANÇOIS... MAIS JE NE LE MENACE PAS. SI CETTE FUSION AVAIT ÉTÉ ACTÉE, JE SERAIS PARTI SANS FAIRE DE DRAME. SANS DOUTE PAS LE LENDEMAIN MATIN, MAIS AU REMANIEMENT SUIVANT.
JE ME DEVAIS D'ÊTRE EN ACCORD AVEC MOI-MÊME.
EN PARALLÈLE, LES ÉLUS BRETONS TENTENT AUSSI LEUR CHANCE POUR LA RÉUNIFICATION.
PLUSIEURS D'ENTRE EUX ONT RACONTÉ LEUR RENCONTRE AVEC LE RAPPORTEUR DE LA LOI SUR LA RÉFORME TERRITORIALE, LE DÉPUTÉ SOCIALISTE **CARLOS DA SILVA**, TRÈS PROCHE DE **MANUEL VALLS**, QUI ÉTAIT ALORS PREMIER MINISTRE...
ASSEMBLÉE NATIONALE

L'AMBIANCE EST TENDUE...
DANIEL CUEFF (GROUPE ÉCOLOGISTE)
BERNADETTE MALGORN (DROITE)
LOÏG CHESNAIS-GIRARD (PS)
CHRISTIAN GUYONVARC'H (UDB)
QUEL SERAIT LE PÉRIMÈTRE ENVISAGÉ POUR LA FUTURE RÉGION ?
CARLOS DA SILVA
LE RETOUR DE LA BRETAGNE HISTORIQUE AVEC SES CINQ DÉPARTEMENTS.
JAMAIS JE NE LAISSERAI DANS LA LOI UN SEUL ESPACE POUR LE REPLI IDENDITAIRE !!

LE REPLI IDENTITAIRE EST NATIONAL ET NON BRETON, EN BRETAGNE, LE FRONT NATIONAL FAIT SES SCORES LES PLUS FAIBLES...
JE SUIS UNE ANCIENNE PRÉFÈTE DE LA RÉPUBLIQUE.
JE SAIS QU'EN CAS DE FUSION AVEC LA RÉGION PAYS DE LA LOIRE, LES TERRITOIRES PÉRIPHÉRIQUES SERONT DÉFAVORISÉS...
ON NE VEUT PAS CRÉER UNE FRONTIÈRE ENTRE LA BRETAGNE ET LA FRANCE.
LE DÉPUTÉ DA SILVA S'AGACE ET REFUSE TOUTE DISCUSSION. LES ÉLUS BRETONS REPARTENT BREDOUILLES...
MAIS UNE VÉRITÉ A SOUVENT PLUSIEURS VERSIONS.
VOICI CELLE DE JEAN-MARC AYRAULT. SA FILLE, ÉLISE, A RÉALISÉ UN DOCUMENTAIRE MON PÈRE, CE AYRAULT, DANS LEQUEL ON LE VOIT FERRAILLER AVEC FRANÇOIS HOLLANDE.

ON NE PEUT PAS FAIRE UNE RÉFORME DE LA CARTE DES RÉGIONS UNIQUEMENT PARCE QU'IL Y A EU TELLE OU TELLE PRESSION, OU TELLE PERSONNALITÉ QUI DÉFEND SES INTÉRÊTS PERSONNELS, **LÀ IL S'AGIT D'UN INTÉRÊT DES TERRITOIRES**, DONC UNE BONNE RÉFORME DE LA CARTE DES RÉGIONS, EN DIMINUANT LE NOMBRE DES RÉGIONS PASSANT DE 22 À 12, PAR EXEMPLE, C'EST UNE BONNE CHOSE, **MAIS À CONDITION** QUE CES RÉGIONS SOIENT ARTICULÉES AUTOUR DE TERRITOIRES COHÉRENTS ET, EN PARTICULIER, AUTOUR DES MÉTROPOLES QUI DYNAMISENT LE TERRITOIRE.
ET LÀ, J'APPRENDS QU'ON FERAIT PEUT-ÊTRE UNE RÉGION **NON PAS PAYS DE LA LOIRE ET BRETAGNE**, QUI SERAIT LOGIQUE AVEC NANTES ET RENNES, **MAIS UNE RÉGION PAYS-DE-LA-LOIRE ET POITOU-CHARENTES** !
ET LA MÉTROPOLE NANTAISE SERAIT LE CUL-DE-SAC DE CETTE RÉGION,
ÇA N'A PAS DE SENS, **TOUT SIMPLEMENT PAS DE SENS** !
ET LÀ, TU NE VOIS PAS TON INTÉRÊT PERSONNEL, AUSSI ?
NON, JE N'AI AUCUN INTÉRÊT PERSONNEL DANS CETTE AFFAIRE ! JE NE SUIS CANDIDAT À AUCUN POSTE,
JE NE SUIS PAS CANDIDAT POUR PRÉSIDER TELLE OU TELLE RÉGION !
OUI FRANÇOIS (HOLLANDE)

NON, NON, JE T'ÉCOUTE.
BLABLA BLA
OUI, JE NE SAIS PAS CE QUE TU LUI AS DIT, MAIS IL A DÉJÀ PARLÉ À OUEST-FRANCE...
J'ÉTAIS EN TRAIN DE PRÉPARER UNE DÉCLARATION LÀ, PARCE QUE JE NE COMPRENDS PAS CETTE FAÇON DE FAIRE.
DONC TOUT LE MONDE EST AGITÉ ICI, ET MOI-MÊME J'ÉTAIS EN TRAIN DE ME DIRE QUE J'ALLAIS FAIRE UNE DÉCLARATION.
PARCE QUE TRÈS FRANCHEMENT VOUS ALLEZ DANS LE MUR, DE TOUTE FAÇON.
MAIS ON N'A PAS ENCORE PRIS LA DÉCISION.
OUI MAIS MOI JE T'AI DIT DANS MON SMS, IL Y A UNE SOLUTION, C'EST DE DIRE :
VOILÀ, CE N'EST PAS MÛR, FAUT LAISSER MÛRIR, ET EN ATTENDANT, UNE COOPÉRATION ENTRE LES DEUX RÉGIONS. ÇA PERMET DE GAGNER DU TEMPS.
JE TE RAPPELLE.
IL M'A APPELÉ AVANT QUE JE M'EXPRIME.
C'EST TROP TARD MAINTENANT...
TU PEUX PLUS T'EXPRIMER ? C'EST FAIT EXPRÈS ?
BEH...
QUELQUES INSTANTS PLUS TARD...
Tweet
Jean-Marc Ayrault
@jeanmarcayrault
Pour l'Ouest, l'intérêt des populations est la fusion Pays de la Loire-Bretagne autour des métropoles Nantes et Rennes #ReformeTerritoriale
7:35 PM · 2 juin 2014 · Twitter for iPhone
404 Retweets 1 Citer le Tweet 109 J'aime

ET ALORS, ÇA SE TERMINE COMMENT CETTE AFFAIRE DE LOBBYING ?
COMME SOUVENT DANS L'HISTOIRE DE LA RÉUNIFICATION...
RIEN.
FRANÇOIS HOLLANDE N'A PAS TOUCHÉ AUX FRONTIÈRES DE LA BRETAGNE, NI À CELLES DES PAYS-DE-LA-LOIRE.
C'ÉTAIT FINALEMENT SA MANIÈRE DE NE FÂCHER PERSONNE...
ET FRANÇOIS HOLLANDE, C'EST QUOI SA VERSION DE L'HISTOIRE ?
BEEEN...
HEUUU...
JE VOUS AI PRÉPARÉ DU CAFÉ LES GARS.
BON COURAGE, BONNE JOURNÉE...
...ET BONNE NUIT BLANCHE, QUI SAIT !
OUIII ! SALUT, C'EST PHILIPPE CRÉHANGE, TU VAS BIEN ? OUI ? BON... DIS-MOI, T'AURAIS PAS LE NUMÉRO DE FRANÇOIS HOLLANDE À TOUT HASARD ?...

LE LENDEMAIN
SALUT ! ALORS ? ON EN EST OÙ SUR L'INTERVIEW DE HOLLANDE ?
JE VIENS DE RECEVOIR UNE RÉPONSE DE SA CONSEILLÈRE PRESSE
" MONSIEUR, MERCI POUR VOTRE DEMANDE MAIS LE PRÉSIDENT HOLLANDE NE SOUHAITE PAS S'EXPRIMER À CE SUJET. "
BZZZ
TU M'ÉTONNES QU'IL NE SOUHAITE PAS PARLER... ÇA RESSEMBLE À UN SACRÉ FOUTOIR, SA RÉFORME...
ON AURA ESSAYÉ...
OUI, IL EST LÀ, DEUX PETITES SECONDES...
?
?
FRANÇOIS HOLLANDE NE VEUT PAS PARLER MAIS SON ANCIEN PREMIER MINISTRE EST D'ACCORD !
MAIS... J'AI DÉJÀ ÉCHANGÉ AVEC JEAN-MARC AYRAULT...
!!!
PAS AYRAULT, L'AUTRE !

C'EST QUI ?
MANUEL VALLS, MINISTRE DE L'INTÉRIEUR DE 2012 À 2014 PUIS PREMIER MINISTRE DE 2014 À 2016.
OUIII, BONJOUR MONSIEUR VALLS...
IL A SUPERVISÉ LA FAMEUSE RÉFORME DES RÉGIONS.
JE DOIS AVOUER QUE JE CONNAIS MIEUX LE PERSONNAGE D'APRÈS, LE FAVORI DE LA PRIMAIRE DE LA GAUCHE EN 2017 QUI A PERDU AVANT DE RALLIER EMMANUEL MACRON PUIS DE TENTER SA CHANCE À LA MAIRIE DE BARCELONE...
IL ÉTAIT VIGOUREUSEMENT OPPOSÉ AU MOUVEMENT INDÉPENDANTISTE CATALAN.
COMMENT VOTRE ANNONCE SUR LA FUSION DES RÉGIONS A-T-ELLE ÉTÉ ACCUEILLIE ?
À L'ÉPOQUE, MON ANNONCE EST PLUTÔT BIEN ACCUEILLIE PAR LA PRESSE.
ON VOULAIT DES RÉGIONS À TAILLE EUROPÉENNE AVEC BEAUCOUP DE COMPÉTENCES...

NOUS N'AVIONS QUE QUELQUES SEMAINES POUR Y PARVENIR, ALORS ON A PRIS LA VOIE LA PLUS COURTE SANS DÉBATS PLUS APPROFONDIS.
PUIS FRANÇOIS HOLLANDE A VOULU ALLER PLUS LOIN ET A FAIT UNE DÉCLARATION SUR LES DÉPARTEMENTS...
... ÇA A CRÉÉ DE LA CONFUSION...
JUSTEMENT, RACONTEZ-NOUS LES CAFOUILLAGES AUTOUR DU CAS BRETON...
LES DÉBATS ONT ÉTÉ ÂPRES AILLEURS COMME EN PACA ET RHÔNE-ALPES-AUVERGNE SUR UNE PARTIE DU LANGUEDOC-ROUSSILLON... IL Y A EU DES FRICTIONS DANS L'EST. EN POITOU-CHARENTES AUSSI, SÉGOLÈNE ROYAL ÉTAIT CONTRE UNE FUSION AVEC L'AQUITAINE À CAUSE DE SON OPPOSITION TRÈS FORTE À ALAIN ROUSSET...
EN BRETAGNE, JEAN-YVES LE DRIAN A DIT : C'EST LE MOMENT D'INTÉGRER LA LOIRE-ATLANTIQUE À LA BRETAGNE.
JEAN-MARC AYRAULT A REFUSÉ.
AVEC HOLLANDE, ON A FIXÉ UN PRINCIPE : PAS DE DÉMEMBREMENT DE RÉGION. C'ÉTAIT UNE MANIÈRE DE DIRE "NON" À JEAN-YVES LE DRIAN.
SI ON AVAIT FAIT UNE EXCEPTION POUR LA BRETAGNE...
... ON AURAIT OUVERT LA BOÎTE DE PANDORE !
?!
?!

PUIS, JEAN-MARC AYRAULT A PROPOSÉ UNE FUSION ENTRE LA BRETAGNE ET LES PAYS-DE-LA-LOIRE.
JEAN-YVES LE DRIAN S'Y EST OPPOSÉ
ENTRE JEAN-MARC AYRAULT QUI ÉTAIT AMER DE NE PLUS ÊTRE PREMIER MINISTRE ET LA PRESSION DE JEAN-YVES LE DRIAN, DES TENSIONS ÉTAIENT VIVES.
ENFIN, IL Y A EU UNE AUTRE TENTATIVE DE FUSION ENTRE LE CENTRE ET LES PAYS DE LA LOIRE.
ÇA AVAIT SA LOGIQUE, MAIS ÇA COINÇAIT DANS LES PAYS-DE-LA-LOIRE.
ON A OPTÉ POUR UN STATU QUO À L'OUEST.
VOUS N'AVEZ PAS CONSIDÉRÉ L'OPTION DE LA RÉUNIFICATION... VOUS LA PRÉSENTEZ MÊME COMME UNE BOÎTE DE PANDORE.
POURQUOI ?
SI ON DIT "OUI" À LA CRÉATION DE CETTE GRANDE RÉGION BRETAGNE, ON RÉPOND À CETTE AMBITION IDENTITAIRE BRETONNE... ALORS, ON ENTRE DANS UN AUTRE DÉBAT QUI PEUT FAIRE TÂCHE D'HUILE DANS LE PAYS
LA RÉGION BRETAGNE N'EST PLUS UNE RÉGION PAUVRE AVEC DES HABITANTS QUI LA QUITTENT... C'EST UN TERRITOIRE RICHE AVEC DES VILLES QUI MARCHENT BIEN.
AU FOND, LA REVENDICATION DE L'IDENTITÉ FORTE LIÉE À UNE CRITIQUE DU POUVOIR CENTRAL, LE TOUT ADOSSÉ À UNE ÉCONOMIE FLORISSANTE, DONNE DAVANTAGE DE FORCE.
IL FAUT FAIRE ATTENTION.
ATTENTION À QUOI ?

J'AIME BEAUCOUP LA BRETAGNE, C'EST UNE TERRE QUI REGARDE LE MONDE ET QUI EST OUVERTE,
IL Y A UNE HISTOIRE À PART, SUR L'ÉCOLE NOTAMMENT, AVEC LE POIDS DE L'ENSEIGNEMENT CATHOLIQUE ,,, IL Y A UNE LANGUE AUSSI ,,, JE VOUS ÉPARGNE LES MOUVEMENTS IDENTITAIRES DONT CELUI À CARACTÈRE TERRORISTE ,,,
TOUT ÇA, C'EST DE LA NITROGLYCÉRINE !
MOUVEMENTS À CARACTÈRE TERRORISTE ?!
DEPUIS L'ATTENTAT DU MACDO DE QUEVERT EN 2000 OÙ UNE EMPLOYÉE EST DÉCÉDÉE, LES MOUVEMENTS INDÉPENDANTISTES ONT CESSÉ LEURS ATTENTATS ,,, ENTRE LES ANNÉES 1960 ET 2000, LE FRONT DE LIBÉRATION DE LA BRETAGNE ET L'ARMÉE RÉVOLUTIONNAIRE BRETONNE ONT REVENDIQUÉ PLUSIEURS CENTAINES D'ATTENTATS,
VOUS SAVEZ, JE SUIS ATTACHÉ À LA DÉCENTRALISATION, FAISONS AU NIVEAU LOCAL CE QU'ON NE FAIT PAS BIEN AU NIVEAU NATIONAL ,,, MAIS FAISONS ATTENTION À LA FRANCE DANS CE MOUVEMENT GLOBAL DE MONDIALISATION AVEC CETTE MONTÉE EN PUISSANCE DE TOUTE FORME D'IDENTITÉ ,,
IL EXISTE UN SENTIMENT DE PERTE DE SOUVERAINETÉ NATIONALE ET DONC UNE MONTÉE EN PUISSANCE DES IDENTITÉS PERSONNELLES, DES RACINES, DU RACIALISME OU DE LA RELIGION, LES GENS SE REPLIENT SUR EUX-MÊMES ,,,
,,, LA CONSTRUCTION NATIONALE EST LIÉE À L'ÉTAT, À TRAVERS L'ÉCOLE ET À TRAVERS LA LANGUE ,,, BLABLABLA ,,,

Y'A UN PROBLÈME BENJI ?
CE QUE DIT MANUEL VALLS EST BIGREMENT INTÉRESSANT...
LA RÉUNIFICATION DE LA BRETAGNE N'A PAS EU LIEU PAR PEUR DU SÉPARATISME.
SÉPARATISME ?
CE QUE VALLS DIT, C'EST QUE PERMETTRE UNE BRETAGNE À CINQ DÉPARTEMENTS, C'EST OFFRIR AU TERRITOIRE UNE AFFIRMATION IDENTITAIRE QUI, COUPLÉE À UNE ÉCONOMIE FORTE, MÈNERAIT À L'ÉMERGENCE D'UNE ENVIE D'INDÉPENDANCE DE LA BRETAGNE.
COMME EN CATALOGNE
ATTENDS, CE N'EST QUE LA PAROLE DE MANUEL VALLS.
TU VEUX QUE JE TE MONTRE QUELQUES TRUCS HILARANTS SUR LES RÉSEAUX SOCIAUX À SON SUJET ?...
LE VALLS QUI NOUS PARLE, C'EST CELUI DE 2014. C'EST VALLS PREMIER MINISTRE.
CELUI À QUI BEAUCOUP PRÉDISAIENT UN AVENIR DE POSSIBLE PRÉSIDENT DE LA RÉPUBLIQUE...
... CE VALLS INCARNAIT LE PARTI SOCIALISTE DANS LEQUEL IL AVAIT ÉVOLUÉ PENDANT DES DÉCENNIES.
SI VALLS PENSE AINSI, BEAUCOUP DE POLITIQUES PARTAGENT SON AVIS.
À LEURS YEUX...
... LA RÉUNIFICATION DE LA BRETAGNE MENACERAIT L'UNITÉ FRANÇAISE.

SI JE VOUS SUIS, LA RÉPUBLIQUE FRANÇAISE NE VOUDRAIT PAS DE LA RÉUNIFICATION DE LA BRETAGNE DE PEUR DE PERDRE LA BRETAGNE...
ÇA ME SEMBLE TIRÉ PAR LES CHEVEUX, VOTRE AFFAIRE.
MON POTE RIWAL EST UN MORDU DE CULTURE BRETONNE, SES GAMINS SONT SCOLARISÉS À DIWAN ET POURTANT IL NE PARLE PAS D'INDÉPENDANCE DE LA RÉGION.
FRANCHEMENT, VOUS CONNAISSEZ QUELQU'UN EN BRETAGNE QUI VEUT SÉRIEUSEMENT L'INDÉPENDANCE ?
ON N'A JAMAIS DIT QUE LES BRETONS RÉCLAMENT LEUR INDÉPENDANCE. ON DIT SIMPLEMENT QUE CERTAINS DÉCIDEURS POLITIQUES NOURRISSENT CETTE CRAINTE.
C'ÉTAIT VRAI SOUS HOLLANDE. C'EST ENCORE VRAI SOUS MACRON.
MIS BOUT À BOUT, LES RÉCENTS ÉPISODES ILLUSTRENT CETTE DÉFIANCE DU POUVOIR PARISIEN ENVERS LES SINGULARITÉS RÉGIONALES.
LES RÉCENTS ÉPISODES ?
ALLEZ, VIENS AVEC MOI. JE T'EMBARQUE DANS LES COULISSES DE **LA LOI MOLAC** !
?!

8 AVRIL 2021
OH COOL ! LES INVALIDES ! ON VA VISITER LE MUSÉE DE LA GUERRE ?
C'EST L'ASSEMBLÉE NATIONALE, EUDES.
CE VOTE EST HISTORIQUE !!
LUI, C'EST PAUL MOLAC, DÉPUTÉ RÉGIONALISTE BRETON, IL EST CLASSÉ AU CENTRE GAUCHE.
LES AUTRES AUTOUR, CE SONT TOUS DES DÉPUTÉS BRETONS.
ILS VIENNENT DE VOTER LA LOI MOLAC SUR LES LANGUES RÉGIONALES.
CE TEXTE PERMET NOTAMMENT DE SANCTUARISER L'ENSEIGNEMENT DES LANGUES MINORITAIRES COMME LE BRETON, LE CORSE, L'OCCITAN...
LA LOI PERMET AUSSI D'AUTORISER LE TILDE SUR LE Ñ PAR EXEMPLE.
LES ÉLUS POURRONT AINSI PLUS FACILEMENT TRADUIRE LEURS PANNEAUX DANS LA LANGUE LOCALE.

* EXTRAIT DU BRO GOZH MA ZADOÙ, HYMNE DE LA BRETAGNE

AU PETIT MATIN...
TIENS, JE NOUS AI PRIS DES CROISSANTS ET DES CAFÉS.
EUDES, REGARDE !
TU VOIS CETTE FEMME À LA MINE FATIGUÉE ?
OUI.
IL S'AGIT D'UNE COLLABORATRICE DE BLANQUER. ELLE A PLANCHÉ SUR UNE CONTRE-ATTAQUE POUR TORPILLER LA LOI MOLAC. ELLE VA REMETTRE UN DOSSIER À LA DÉPUTÉE LREM AURORE BERGÉ.
CETTE DERNIÈRE VA PASSER DES COUPS DE FIL POUR OBTENIR LE SOUTIEN D'AUTRES DÉPUTÉS CONSIDÉRANT CE TEXTE COMME ÉTANT DANGEREUX.
ENSUITE, ELLE DÉPOSERA SON DOSSIER AU CONSEIL CONSTITUTIONNEL.
ET ALORS ?
C'EST RARISSIME ! UNE LOI VOTÉE PAR DES ÉLUS DE LA MAJORITÉ PRÉSIDENTIELLE EST ATTAQUÉE PAR D'AUTRES ÉLUS DE LA MAJORITÉ.
ET IL VA SE PASSER QUOI ?

LES VIEUX SAGES DÉBATTENT ALORS DE LA LOI MOLAC.
LES DÉBATS SONT VIFS, ÇA TAPE DU POING SUR LA TABLE...
L'ARTICLE SUR L'ENSEIGNEMENT IMMERSIF EST CENSURÉ !!
L'ARTICLE SUR LES SIGNES DIACRITIQUES EST CENSURÉ !!
EN RÉPONSE, DES MANIFESTATIONS EN BRETAGNE ET AILLEURS SE FORMENT. DANS LES CORTÈGES BRETONS, DES DÉPUTÉS DISENT :
TRISTE FRANCE !
C'EST UN COUP DE POIGNARD DANS LE DOS !
NOTRE GROUPE EST AUSSI COMPOSÉ DE DÉPUTÉS ATTACHÉS À UNE FORME DE CENTRALISME. ILS CONSIDÈRENT LES LANGUES RÉGIONALES COMME UN FAIT SECONDAIRE QUI POURRAIT PORTER PRÉJUDICE À LA LANGUE FRANÇAISE, CELLE DE LA RÉPUBLIQUE.
YANNICK KERLOGOT (DÉPUTÉ LREM)
BUREAU D'EMMANUEL MACRON
ATTENDEZ, ATTENDEZ...
ON VA VOIR CE QUE L'ON PEUT FAIRE...

UN PEU PLUS TARD, À PLOËRMEL
TU M'EMMÈNES OÙ, LÀ ? ON VA À LA PÊCHE ?
À LA PÊCHE AUX INFOS, OUI ! PAUL MOLAC HABITE DE L'AUTRE CÔTÉ DU LAC, ON VA LUI POSER QUELQUES QUESTIONS.
OHÉ !
COMMENT EXPLIQUER CETTE DÉFIANCE À L'ÉGARD DE VOTRE LOI ?
UN PETIT MONDE PARISIEN IMPOSE SES VUES AU RESTE DE LA FRANCE. **C'EST DE PIRE EN PIRE !**... IL EXISTE UNE COUPURE ENTRE LES ÉLITES ET LE PEUPLE.
C'EST VRAI SUR LES LANGUES RÉGIONALES COMME SUR D'AUTRES THÉMATIQUES. CERTAINS DISENT :
« LA FRANCE DÉCIDE, LA BRETAGNE DOIT SE SOUMETTRE. »
CE PETIT MONDE PARISIEN N'EST PAS MAJORITAIRE. NOUS, LES FRANÇAIS, SOMMES **UNE MAJORITÉ DE MINORITAIRES**.
JE NE VEUX PAS QU'UNE CASTE PARISIENNE DÉCIDE DE L'INTÉRÊT GÉNÉRAL DU PAYS.

LE NATIONALISME FRANÇAIS OU LE NATIONALISME DE LA TECHNOSTRUCTURE PARISIENNE NE CORRESPONDENT QU'À QUELQUES PENSEURS.
LES FRANÇAIS SONT RÉCONCILIÉS AVEC LEURS LANGUES.
ILS N'ONT PAS PEUR DES IDENTITÉS.
LES SEULS INQUIETS SONT DES TECHNOCRATES PARISIENS.
LA DÉFIANCE ENVERS VOTRE LOI A ÉTÉ MAL COMPRISE DANS LA PÉNINSULE OÙ LES HABITANTS ASSUMENT UNE IDENTITÉ BRETONNE...
LES GENS QUI FORMENT UNE IDENTITÉ N'EXPRIMENT PAS NÉCESSAIREMENT L'ENVIE D'UN ÉTAT INDÉPENDANT.
VIVRE SON IDENTITÉ N'EST PAS UN PROJET POLITIQUE.
CETTE EXPRESSION N'A D'AILLEURS PAS D'OBÉDIENCE POLITIQUE. DANS SON ENSEMBLE OU PRESQUE, LE CONSEIL RÉGIONAL NE CESSE DE DEMANDER DES EXPÉRIMENTATIONS ET UNE SUBSIDIARITÉ AU GOUVERNEMENT.
LE POUVOIR PARISIEN NE RÉPOND PAS SUR CES DEMANDES D'AUTONOMIE.

L'AUTONOMIE EST PERÇUE PAR CERTAINS COMME UN PREMIER PAS VERS UNE VOLONTÉ D'INDÉPENDANCE...
JE NE CROIS PAS QUE CE SOIT LE PROBLÈME.
LE POUVOIR CENTRAL VEUT TOUT SIMPLEMENT AFFIRMER SON POUVOIR :
"NOUS DÉCIDONS, VOUS LA FERMEZ."
CEUX QUI ONT PEUR DES AUTONOMIES NE CONNAISSENT PAS LA FRANCE.
À COMMENCER PAR LE PRÉSIDENT DE LA RÉPUBLIQUE.
IL A DIT QUE SA GRAND-MÈRE PARLAIT LE PYRÉNÉEN
SA GRAND-MÈRE PARLAIT PEUT-ÊTRE LE BASQUE, L'OCCITAN OU LE CATALAN...
?
BZZZ!
... MAIS CERTAINEMENT PAS LE PYRÉNÉEN PUISQUE CETTE LANGUE N'EXISTE PAS !
VOILA LE NIVEAU DE CULTURE GÉNÉRALE DE NOTRE ADMINISTRATION...
OUI PHIL... COMMENT ?
QUOI ?! TE REJOINDRE AU SÉNAT ?!! MAIS JE SUIS À PLOËRMEL !!
EH BIEN... TÉLÉPORTE TOI !!! LES LECTEURS SE SONT HABITUÉS AU PROCÉDÉ MAINTENANT...
ALLEZ, À TOUT DE SUITE !

9 JUIN 2021
ALORS, QU'EST-CE QUI SE PASSE ?
CHUUUT ! ÇA VA COMMENCER !
MAIS... QUOI DONC ?!!
UN ÉCHANGE SURRÉALISTE ENTRE RONAN DANTEC ET JACQUELINE GOURAULT.
QUI ÇA ?!
RONAN DANTEC, SÉNATEUR DE LOIRE-ATLANTIQUE, UN ÉCOLOGISTE INVESTI SUR LA QUESTION DE LA BRETAGNE À CINQ...
... JACQUELINE GOURAULT, MINISTRE DE LA COHÉSION DES TERRITOIRES ET DES RELATIONS AVEC LES COLLECTIVITÉS TERRITORIALES.
ELLE DÉFEND LA LOI 4D
- DÉCONCENTRATION
- DÉCENTRALISATION
- DIFFÉRENCIATION
- DÉCOMPLEXIFICATION
DEVANT LA COMMISSION DE L'AMÉNAGEMENT DU TERRITOIRE DU SÉNAT.
ÉCOUTE ÇA...

À LA SUITE DE LA PÉTITION QUI A RECUEILLI 105 000 SIGNATURES EN FAVEUR D'UN RÉFÉRENDUM SUR LE REDÉCOUPAGE DE LA BRETAGNE ET DE LA LOIRE-ATLANTIQUE, JE VOUS AVAIS POSÉ UNE QUESTION IL Y A QUELQUES MOIS ET VOUS M'AVIEZ RÉPONDU :
"AVEC LA LOI TELLE QU'ELLE EST, ON NE PEUT RIEN FAIRE. IL FAUT Y REVENIR PAR LA LOI."
DONC C'EST LE MOMENT !
LA QUASI-TOTALITÉ DES COLLECTIVITÉS DE LOIRE-ATLANTIQUE SONT FAVORABLES À UN RÉFÉRENDUM SUR LA QUESTION.
MADAME LA MINISTRE, COMMENT AVOIR ENFIN UN DISPOSITIF OPÉRATIONNEL POUR OBTENIR DES REDÉCOUPAGES ?
ATTENTION, C'EST MAINTENANT !
?
JE NE REVIENS PAS SUR "VIVE LA BRETAGNE ET VIVE LES BRETONS"... IL Y A ENCORE EU HIER UNE QUESTION POSÉE PAR TON COPAIN BRETON...
MOLAC...
L'INITIATIVE APPARTIENT AUX COLLECTIVITÉS TERRITORIALES...
BAH NON, TU M'AS DIT L'INVERSE.

COMMENT ÇA, C'EST L'INVERSE ?
LA DERNIÈRE FOIS, TU M'AS DIT QU'IL FALLAIT CHANGER LA LOI...
L'ÉTAT N'A PAS LES MOYENS DE FAIRE UNE CONSULTATION.
L'ÉTAT EST-IL PRÊT À CHANGER LA LOI ?
PAS LE SUJET À L'ORDRE DU JOUR.
C'EST MA QUESTION ET ELLE EST PRÉCISE.
PAS SÛR QUE LA LOIRE-ATLANTIQUE SOIT D'ACCORD. JE CONNAIS LE SUJET...
...JE VAIS ÊTRE OBLIGÉE D'Y ALLER...
MAIS... ELLE S'EN VA VRAIMENT ?!
OUI... CET AUTRE ÉPISODE DÉMONTRE DE L'INCOMPRÉHENSION ENTRE LE POUVOIR CENTRAL ET BRETON

RETOUR AU Q.G
PSIIIITTT !!!
27 JUIN 2021
LES RÉSULTATS DÉFINITIFS VONT TOMBER !
EN BRETAGNE, LE SOCIALISTE **LOÏG CHESNAIS-GIRARD** EST ÉLU DANS UNE QUINQUANGULAIRE AVEC **29,84%** DES VOIX.
VOTRE PREMIÈRE REACTION MONSIEUR CHESNAIS-GIRARD :
BLABLABLA **PLUS DE BRETAGNE, MOINS DE PARIS** BLABLABLA
EN PAYS-DE-LA-LOIRE, ÇA PASSE POUR LA CANDIDATE DE DROITE **CHRISTELLE MORANÇAIS** AVEC **46,45% DES VOIX**,
ON PREND LES MÊMES ET ON RECOMMENCE...
EN LOIRE-ATLANTIQUE, LA GAUCHE RESTE AU POUVOIR, L'ANCIEN DÉPUTÉ MICHEL MÉNARD VA REMPLACER PHILIPPE GROSVALET,
PAS DE QUOI ÊTRE OPTIMISTE QUANT À UNE ISSUE POUR NOTRE SERPENT DE MER, C'EST ÇA ?

REGARDE TES MAILS PHILIPPE, "À LA BRETONNE" VIENT DE RÉAGIR.
"SELON UN SONDAGE IFOP DE MAI DERNIER, 80 % DES HABITANTS DE LOIRE-ATLANTIQUE SOUHAITENT UN RÉFÉRENDUM SUR LA RÉUNIFICATION DE LA BRETAGNE ET 51 % SE DÉCLARENT ABSOLU-MENT CERTAINS D'ALLER VOTER...
... CES CHIFFRES SONT PARTICULIÈREMENT SIGNIFICATIFS AU REGARD DU TAUX DE PARTICIPATION AUX DERNIERS SCRUTINS. IL EST AUJOURD'HUI INCONCEVABLE DE LEUR REFUSER DE SE RENDRE AUX URNES POUR S'EXPRIMER SUR CE SUJET CONCERNANT L'AVENIR DE LEUR DÉPARTEMENT."
NOUS RENCONTRERONS À LA RENTRÉE, CONFORMÉMENT À LEURS DÉCLARATIONS, LE PRÉSIDENT DE RÉGION BRETAGNE ET CELUI DE LOIRE-ATLANTIQUE AFIN D'ÉCHANGER SUR LA MISE EN APPLICATION DES ENGAGEMENTS CONCERNANT L'ENJEU DÉMOCRATIQUE QUE NOUS DÉFENDONS.
CE NOUVEAU MANDAT SERA CELUI DES AVANCÉES CONCRÈTES ET SIGNIFICATIVES POUR RÉPONDRE À LA DEMANDE CITOYENNE EN LOIRE-ATLANTIQUE.

LES ENGAGEMENTS DE CAMPAGNE DE LOÏG CHESNAIS-GIRARD ET MICHEL MÉNARD :
" - RENOUVELER AUPRÈS DE L'ÉTAT, DÈS LA PREMIÈRE ANNÉE DU MANDAT, LA DEMANDE D'UN RÉFÉRENDUM EN LOIRE-ATLANTIQUE SUR LA RÉUNIFICATION DE LA BRETAGNE.
- DEMANDER À ÊTRE REÇUS À L'ÉLYSÉE POUR OBTENIR LA GARANTIE QUE LA DEMANDE DE VOTE SERA RESPECTÉE.
- COFINANCER ET COMMANDER DES ÉTUDES D'IMPACT SUR LA RÉUNIFICATION (EMPLOI, MOBILITÉ, AMÉNAGEMENT DU TERRITOIRE, TRANSITION ENVIRONNEMENTALE...) AFIN DE NOURRIR LE DÉBAT PUBLIC.
- DÉSIGNER UNE OU UN ÉLU RÉFÉRENT SUR CE SUJET."
LA LUTTE CONTINUE, CAMARADES !!!

CHAPITRE 4

LE POIDS DES LOBBYS

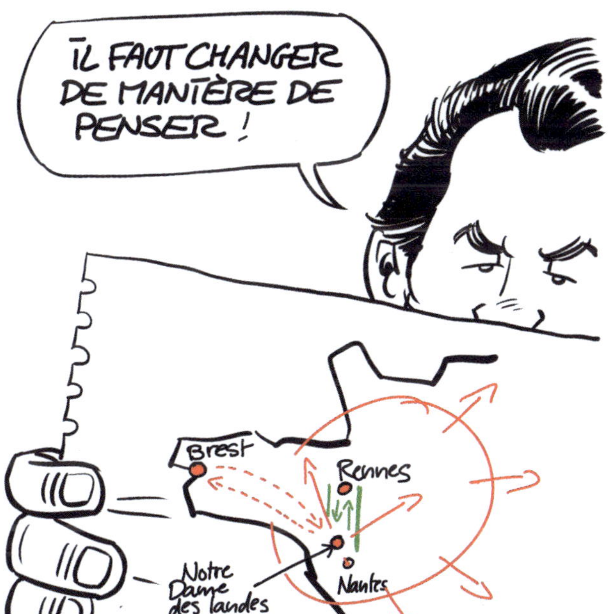

AOÛT 1985... QUELQUE PART SUR LA QUATRE-VOIES ENTRE LE MORBIHAN ET LA LOIRE-ATLANTIQUE
PAPAAA!
OUI NATHALIE?
ON PEUT ÉCOUTER TRI YAAANN?!!
ENCORE?!
STEUPLAÎT!!!
NATHALIE, RESTE ASSISE.
J'AI LONGTEMPS IGNORÉ QUE J'ÉTAIS BRETON
FRANÇAIS SANS PROBLÈME
IL ME FAUT DONC VIVRE LA BRETAGNE EN SURPLUS
OU POUR MIEUX DIRE EN CONSCIENCE

SI JE PERDS CETTE CONSCIENCE
LA BRETAGNE CESSE D'ÊTRE EN MOI
SI TOUS LES BRETONS LA PERDENT
ELLE CESSE ABSOLUMENT D'ÊTRE
LA BRETAGNE N'A PAS DE PAPIERS
ELLE N'EXISTE QUE SI À CHAQUE GÉNÉRATION
DES HOMMES SE RECONNAISSENT BRETONS
À CETTE HEURE, DES ENFANTS NAISSENT EN BRETAGNE
NATHALIE APPÉRÉ, MAIRE (PS) DE RENNES DEPUIS 2014
SERONT-ILS BRETONS ? NUL NE LE SAIT. À CHACUN, L'ÂGE VENU, LA DÉCOUVERTE OU L'IGNORANCE."

MA PERCEPTION D'ÊTRE BRETONNE EST NÉE DE **LA DÉCOUVERTE OU L'IGNORANCE**.
CE TEXTE DE **MORVAN LEBESQUE** REPRIS PAR TRI YANN, ON L'ÉCOUTAIT SUR LA ROUTE DES VACANCES DANS LA VOITURE FAMILIALE.
TRÈS TÔT JE ME SUIS POSÉ CETTE QUESTION :
QU'EST-CE QU'ÊTRE BRETON ?
COMMENT L'ÊTRE ?
MES GRANDS-PARENTS PARLAIENT BRETON.
J'AI GRANDI EN BASSE-BRETAGNE.
J'AI ÉTÉ BERCÉE PAR DES CANTIQUES BRETONS...
... JE NE RATE PAS UNE ÉDITION DU FESTIVAL INTERCELTIQUE DE LORIENT ! CETTE MUSIQUE ME DONNE LA CHAIR DE POULE !
CE SENTIMENT BRETON RELÈVE DE L'INTIME.
CE N'EST PAS UNE QUESTION DE PAPIERS, DE NAISSANCE, DE FRONTIÈRE OU DE PÉRIMÈTRE.
LES OPPOSANTS À LA RÉUNIFICATION DE LA BRETAGNE ÉPROUVENT UN BESOIN DE RAPPELER LEUR BRETONNITUDE AVANT D'EXPLIQUER LEUR POSITIONNEMENT...

LE PROBLÈME, C'EST QU'AUJOURD'HUI SOIT ON ADHÈRE À LA CAUSE, SOIT ON LA TRAHIT, SELON LES MILITANTS.
MOI, JE NE ME RETROUVE DANS AUCUN DE CES CAS DE FIGURE.
OÙ ÊTES-VOUS ?
LA RÉUNIFICATION DE LA BRETAGNE N'EST PAS MON COMBAT,
LE MIEN EST NOURRI PAR UN BESOIN DE JUSTICE SOCIALE, DE COHÉSION, D'ÉQUILIBRE ÉCOLOGIQUE.
J'AI POURTANT UN ATTACHEMENT SINGULIER À LA RÉGION, MAIS IL NE PASSE PAS PAR LE BESOIN DE DÉTERMINER UNE NOUVELLE FRONTIÈRE.
ÇA N'EST PAS VOTRE COMBAT MAIS VOUS ÊTES OPPOSÉE AU RATTACHEMENT DE LA LOIRE-ATLANTIQUE À LA BRETAGNE ?
JE RESPECTE CEUX QUI ONT FAIT DE LA RÉUNIFICATION UNE CONSTRUCTION POLITIQUE.
MOI, JE PRÉFÈRE M'ENGAGER SUR DES QUESTIONS DE DÉCENTRALISATION.
SI UN JOUR NOUS DEVIONS NOUS EXPRIMER SUR LE RATTACHEMENT DE LA LOIRE-ATLANTIQUE À LA BRETAGNE, JE VOTERAIS "NON" SANS POUR AUTANT PRENDRE LA TÊTE DU CAMP DES "NON".

JE DIRAIS "NON" CAR JE PENSE AUX AUTRES TERRITOIRES.
LA MAYENNE, PAR EXEMPLE.
COMMENT LES PAYS-DE-LA-LOIRE PEUVENT-ILS FONCTIONNER SANS LA LOIRE-ATLANTIQUE ?
JE DIRAIS "NON" AUSSI PARCE QUE JE NE CROIS PAS AUX DÉCOUPAGES INSTITUTIONNELS PARFAITS.
LES MILITANTS DU "OUI" DISENT QU'UNE BRETAGNE À CINQ SERAIT PLUS EFFICACE POUR RENNES.
ILS ÉVOQUENT AUSSI LE SENS DE L'HISTOIRE...
LES IDENTITÉS MULTIPLES SE CONJUGUENT ET SE TRANSCENDENT. JE ME MÉFIE DE CES DÉBATS IDENTITAIRES... JE NE FAIS PAS LE PROCÈS AUX DÉFENSEURS DE LA BRETAGNE À CINQ D'ÉRIGER UNE FRONTIÈRE DE PAPIERS...
... MAIS ILS S'ARROGENT LE DROIT DE DÉCIDER QUI EST BRETON.
LES FRONTIÈRES DOIVENT ÊTRE STRATÉGIQUES ET RÉPONDRE À DES RÉALITÉS DE FLUX, D'EMPLOI, DE DÉVELOPPEMENT.
JE PRÉFÈRE PARLER DE BASSINS DE VIE ET D'AIRES URBAINES
QUI VIENT DANS TEL HÔPITAL ?
POURQUOI ?
D'OÙ VIENNENT LES CONSOMMATEURS DE CULTURE DE TELLE VILLE ?
PARTONS DES BESOINS DES GENS PLUTÔT QUE DE S'ARRÊTER AU SENS DE L'HISTOIRE.

LA RÉUNIFICATION DE LA BRETAGNE MENACE-T-ELLE LE STATUT DE RENNES COMME CAPITALE RÉGIONALE ?
IL A EXISTÉ UNE FORME DE COMPÉTITION ENTRE RENNES ET NANTES... AUJOURD'HUI, NOUS N'EN SOMMES PLUS À NOUS BAGARRER POUR SAVOIR QUI EST "CAPITALE".
NOS RAPPORTS SONT DIFFÉRENTS.
IL EXISTE DES COOPÉRATIONS SINCÈRES ENTRE RENNES ET NANTES. **VRAIMENT** !!
ON VA RENCONTRER TOUS LES POLITIQUES BRETONS ?
LA MAIRE DE RENNES INCARNE LA NOUVELLE GÉNÉRATION DE SOCIALISTES BRETONS. SON ARGUMENTAIRE SE TIENT.
C'EST ÇA AUSSI UNE ENQUÊTE.
ÉCOUTER, QUESTIONNER, CONFRONTER...
... SANS POUR AUTANT ABOUTIR À LA VÉRITÉ.
LA VÉRITÉ A SOUVENT PLUSIEURS VERSIONS.

DE RETOUR AU QG...
J'AI TROUVÉ !!!
?!
?!
IL Y AVAIT UN TRUC QUI ME CHIFFONNAIT DEPUIS UN MOMENT...
... MAIS J'AI TROUVÉ !!!
APRÈS LA SECONDE GUERRE MONDIALE, LES RÉGIONS N'AVAIENT PAS D'EXISTENCE INSTITUTIONNELLE MAIS ELLES AVAIENT DES ANCÊTRES COMME LE CODER...
CODER ?
LES COMITÉS DE DÉVELOPPEMENT ÉCONOMIQUE RÉGIONAUX, CONTRÔLÉES PAR LES PRÉFETS DANS LES ANNÉES 1960.
ET ?
IL A BIEN FALLU QUE QUELQU'UN DESSINE LA CARTE DES RÉGIONS QUI A ENSUITE SERVI DE MODÈLE, EN CE QUI CONCERNE LA BRETAGNE, QUELQU'UN A DÉCIDÉ DE MAINTENIR LA RÉGION AVEC QUATRE DÉPARTEMENTS ET SANS LA LOIRE-INFÉRIEURE.
ET ?
J'AI RETROUVÉ CELUI QUI A DESSINÉ LA PREMIÈRE CARTE DES RÉGIONS FRANÇAISES ! CELUI QUI A DÉCIDÉ D'UNE BRETAGNE À QUATRE ET PAS À CINQ !
C'EST QUI ?
SON HISTOIRE PERMET DE MIEUX COMPRENDRE L'HISTOIRE DE LA FRONTIÈRE BRETONNE.

SERGE ANTOÏNE

NÉ EN 1927
À STRASBOURG

SA FAMILLE ÉTAIT
PROCHE DE DE GAULLE
PENDANT LA SECONDE
GUERRE MONDIALE

SCIENCES PO
PUIS L'ENA

ENTRE À LA COUR DES
COMPTES EN 1954

DEVIENT HAUT FONCTIONNAIRE
TRÈS ENGAGÉ SUR LES
QUESTIONS ÉCOLOGIQUES

ADORE LA GÉOGRAPHIE

SA PREMIÈRE MISSION
À LA COUR DES COMPTES ?
**DESSINER LES
RÉGIONS FRANÇAISES**

DÉCÉDÉ EN
2006 DANS
L'ESSONNE

C'EST DOMMAGE, IL EST DÉCÉDÉ.
ANTOINE
J'AI RETROUVÉ SES ARCHIVES ET APPELÉ SA FEMME. À L'ÉPOQUE, ELLE L'ASSISTAIT. ELLE ÉTAIT AMBIDEXTRE ET L'AIDAIT À DESSINER SES CARTES SUR DES PAPIERS CALQUE.
ELLE M'A TOUT RACONTÉ.
1955
ANTOINE, LE PRÉSIDENT SONGE À UNE VAGUE DE DÉCENTRALISATION POUR COMBLER LE VIDE FRANÇAIS AUTOUR DE PARIS.
?
LA PROVINCE SOUS-DÉVELOPPÉE A BESOIN D'ATTENTION.
MON PETIT, JE VEUX QUE VOUS METTIEZ DE L'ORDRE DANS LE BAZAR DE LA GÉOGRAPHIE ADMINISTRATIVE FRANÇAISE !

ALINE !
LA FRANCE EST UN VÉRITABLE FOUTOIR ...
IL EXISTE PLUS DE 70 DÉCOUPAGES DIFFÉRENTS.
LES MILITAIRES, LA JUSTICE, LES EAUX ET FORÊTS, L'AGRICULTURE ... CHAQUE ADMINISTRATION A SON PROPRE DÉCOUPAGE !
CERTAINS ONT COUPÉ LA FRANCE EN 8, D'AUTRES EN 28 ...
IL FAUT DESSINER TOUTES CES CARTES POUR TROUVER LA SYNTHÈSE LA PLUS COHÉRENTE.
JE VAIS NOUS CHERCHER DU PAPIER CALQUE.
LE COUPLE SE MET AU TRAVAIL ...

DES MOIS ET DES CENTAINES DE FEUILLES DE PAPIER CALQUE PLUS TARD...
L'ALSACE, ÇA FONCTIONNE.
LA BRETAGNE AVEC SES QUATRE DÉPARTEMENTS AUSSI...
...LA LOIRE-INFÉRIEURE, ON LA LAISSE AVEC LA MAYENNE, LA SARTHE ET LE MAINE-ET-LOIRE.
QU'EST-CE QU'ON FAIT DE LA VENDÉE, LA LOZÈRE OU L'AVEYRON ?
ICI SERGE ANTOINE.
J'AURAIS BESOIN D'INFORMATIONS SUR LES COMMUNICATIONS TÉLÉPHONIQUES... LES VENDÉENS, PAR EXEMPLE, QUI APPELLENT-ILS LE PLUS HORS DE LEUR DÉPARTEMENT ?...
HMMM...
POURRIEZ-VOUS ME DRESSER UNE LISTE PAR DÉPARTEMENT ?

VOILÀ COMMENT IL A ÉTABLI SA CARTE QUI SERVIRA ENSUITE AUX FUTURS DÉCOUPAGES.
SERGE ANTOINE A TRAVAILLÉ À PARTIR DES FRONTIÈRES ADMINISTRATIVES EXISTANTES ET DES COMMUNICATIONS TÉLÉPHONIQUES ENTRE DÉPARTEMENTS.
PRAGMATIQUE.
SERGE ANTOINE A VITE TRANCHÉ LA QUESTION DE LA FRONTIÈRE BRETONNE.
SELON SA FEMME, LES QUESTIONS CULTURELLES OU HISTORIQUES NE SONT PAS ENTRÉES DANS L'ÉQUATION DE LA DÉCISION.
?
À L'ÉPOQUE, LE PROBLÈME PRIORITAIRE, C'ÉTAIT LA RÉINDUSTRIALISATION DE LA FRANCE.
ATTENDS, ATTENDS...
JETTE UN OEIL À SON DOSSIER "ÉTUDES ET DOCUMENTS DU CENTRE DE RECHERCHES ÉCONOMIQUES ET SOCIALES" D'AOÛT 1958.

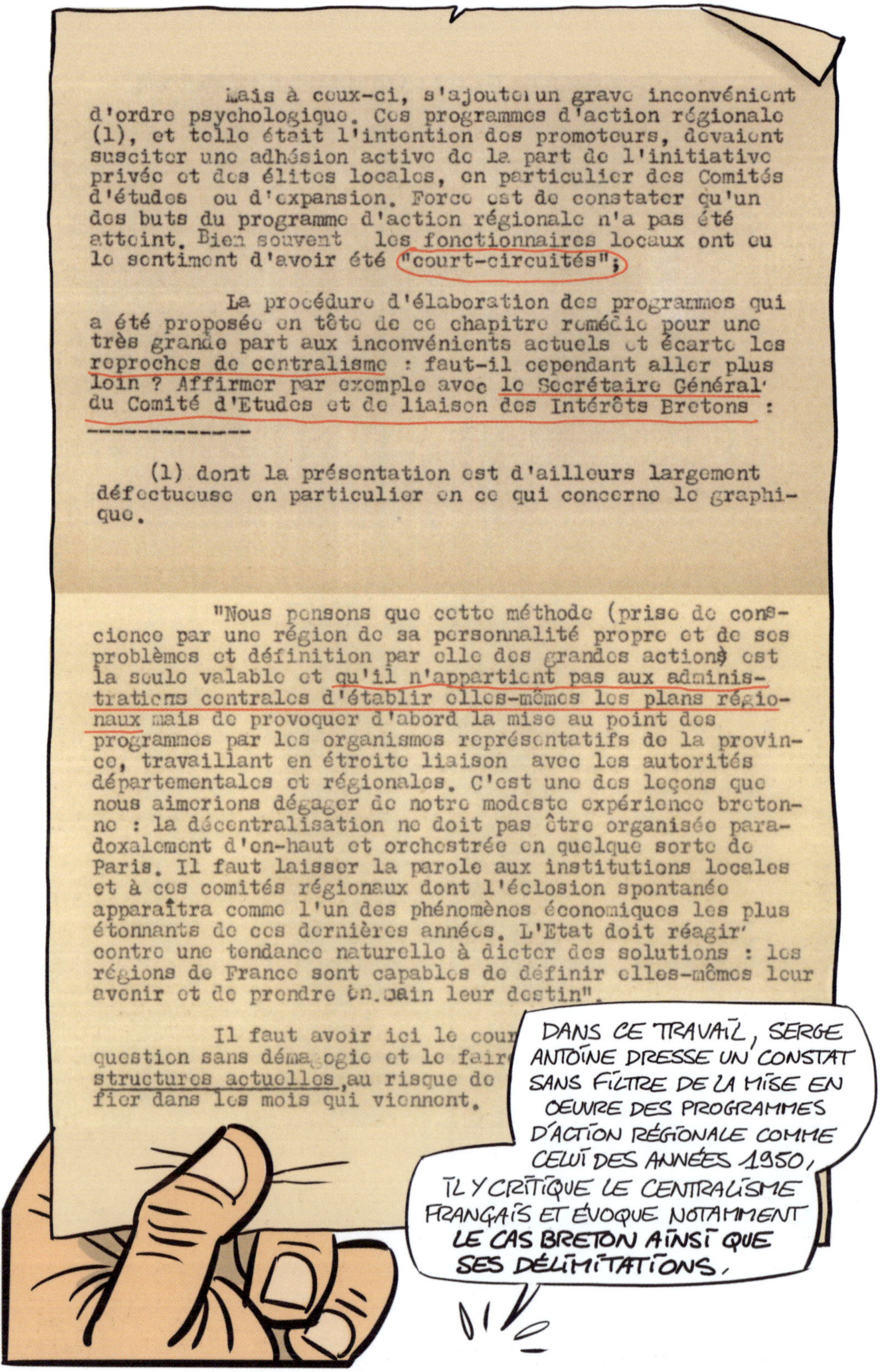

Mais à ceux-ci, s'ajoute un grave inconvénient d'ordre psychologique. Ces programmes d'action régionale (1), et telle était l'intention des promoteurs, devaient susciter une adhésion active de la part de l'initiative privée et des élites locales, en particulier des Comités d'études ou d'expansion. Force est de constater qu'un des buts du programme d'action régionale n'a pas été atteint. Bien souvent les fonctionnaires locaux ont eu le sentiment d'avoir été "court-circuités";

La procédure d'élaboration des programmes qui a été proposée en tête de ce chapitre remédie pour une très grande part aux inconvénients actuels et écarte les reproches de centralisme : faut-il cependant aller plus loin ? Affirmer par exemple avec le Secrétaire Général du Comité d'Etudes et de liaison des Intérêts Bretons :

---

(1) dont la présentation est d'ailleurs largement défectueuse en particulier en ce qui concerne le graphique.

"Nous pensons que cette méthode (prise de conscience par une région de sa personnalité propre et de ses problèmes et définition par elle des grandes actions) est la seule valable et qu'il n'appartient pas aux administrations centrales d'établir elles-mêmes les plans régionaux mais de provoquer d'abord la mise au point des programmes par les organismes représentatifs de la province, travaillant en étroite liaison avec les autorités départementales et régionales. C'est une des leçons que nous aimerions dégager de notre modeste expérience bretonne : la décentralisation ne doit pas être organisée paradoxalement d'en-haut et orchestrée en quelque sorte de Paris. Il faut laisser la parole aux institutions locales et à ces comités régionaux dont l'éclosion spontanée apparaîtra comme l'un des phénomènes économiques les plus étonnants de ces dernières années. L'Etat doit réagir contre une tendance naturelle à dicter des solutions : les régions de France sont capables de définir elles-mêmes leur avenir et de prendre en main leur destin".

Il faut avoir ici le cour
question sans démagogie et le faire
structures actuelles, au risque de
fier dans les mois qui viennent.

« IL FAUT AVOIR ICI LE COURAGE DE TRAITER CETTE QUESTION SANS DÉMAGOGIE ET LE FAIRE DANS LE CADRE DES STRUCTURES ...
... AU RISQUE DE VOIR CELLES-CI SE MODIFIER DANS LES MOIS QUI VIENNENT. »
C'EST ÉNORME !
DÈS LES ANNÉES 1950, LES ÉLITES BRETONNES RÉCLAMAIENT DAVANTAGE D'AUTONOMIE ... VISIBLEMENT, SERGE ANTOINE Y ÉTAIT SENSIBLE.
PEUT-ÊTRE SERGE ANTOINE AURAIT-IL PU FAIRE ÉVOLUER SA CARTE DES RÉGIONS SI LES BRETONS L'AVAIENT FRANCHEMENT RÉCLAMÉ.
LE CÉLIB DÉFENDAIT POURTANT UNE RÉGION À CINQ DÉPARTEMENTS, NON ?
LE QUOI ?
LE COMITÉ D'ÉTUDE ET DE LIAISON DES INTÉRÊTS BRETONS.
IL S'AGIT DU LOBBY BRETON LE PLUS INFLUENT QUI AIT JAMAIS EXISTÉ.

DANS CETTE FRANCE D'APRÈS-GUERRE, DES ÉLUS DE TOUT BORD, DES RELIGIEUX, DES ASSOCIATIFS, DES JOURNALISTES, DES ENTREPRENEURS... SE SONT ALLIÉS POUR DÉFENDRE LES INTÉRÊTS DE LA PÉNINSULE À PARIS.
DANS LES ANNÉES 1950-1960, ILS ONT PESÉ POUR OBTENIR L'IMPLANTATION D'ENTREPRISES COMME CITROËN À RENNES OU LES TÉLÉCOMS À LANNION...
...CE GROUPE DE PRESSION A AUSSI PERMIS LE DÉSENCLAVEMENT DE LA BRETAGNE EN DÉFENDANT LE BESOIN D'UN VRAI PLAN ROUTIER...
LE CÉLIB ÉTAIT PUISSANT ! PARMI SES FONDATEURS : RENÉ PLEVEN, PLUSIEURS FOIS MINISTRE MAIS AUSSI CHEF DU GOUVERNEMENT DANS LES ANNÉES 1950.
IL A ÉTÉ LE PRÉSIDENT DU FAMEUX CODER BRETON.
LE CÉLIB AURAIT PU CHANGER L'HISTOIRE DE LA FRONTIÈRE BRETONNE MAIS NE L'A PAS FAIT...
?
JE DOIS ALLER AUX ARCHIVES RETROUVER UN LIVRE DE RENÉ PLEVEN... ON VA EN AVOIR BESOIN !
?

8 AVRIL 2022
HÔTEL DE RÉGION
BRETAGNE - RENNES
LOÏG CHESNAIS-GIRARD

QU'EST-CE QU'IL FAIT ?

JE SAIS, JE SAIS... JE SUIS EN RETARD.
NAËL EST CAS CONTACT, J'AI DÛ PRATIQUER UN AUTOTEST COVID AVANT DE LE RAMENER À L'ÉCOLE...
ET ?
NÉGATIF.
HEUREUSEMENT.
BON, ÇA DONNE QUOI ?
TIENS.
LORSQU'UN ÉLU S'EXPRIME EN GALLO OU EN BRETON, TU PEUX ÉCOUTER LA TRADUCTION EN SIMULTANÉ EN FRANÇAIS GRÂCE À CE CASQUE.
C'EST LA NOUVEAUTÉ DE CETTE SESSION.
?
SI MES GRANDS-PARENTS VOYAIENT ÇA...
... ET LA DEMANDE D'AUTONOMIE DE LA RÉGION ?
ÇA ARRIVE.
TIENS, ÉCOUTE.

CES DERNIERS MOIS, EN GUADELOUPE COMME EN CORSE, L'IDÉE D'AUTONOMIE A ÉTÉ AVANCÉE PAR CERTAINS MEMBRES DU GOUVERNEMENT EN RÉPONSE À DES TENSIONS ET À DES VIOLENCES.
AZILIZ GOUEZ
CONSEILLÈRE RÉGIONALE D'OPPOSITION SUR LA LISTE DES AUTONOMISTES BRETONS
UN SUJET AUSSI IMPORTANT TOUCHANT AUX RELATIONS ENTRE LES CITOYENS ET LA PUISSANCE PUBLIQUE, À LA RÉPARTITION DE LA FACULTÉ À LÉGIFÉRER ET À RÉGLEMENTER ENTRE L'ÉTAT ET L'ÉCHELON RÉGIONAL MÉRITE D'ÊTRE EXAMINÉ DANS UNE ATMOSPHÈRE PROPICE À UN DÉBAT SEREIN.
ÇA REAGIT COMMENT ?
LES ÉLUS DE DROITE ET LREM OPINENT...
... LOÏG CHESNAIS-GIRARD APPROUVE AUSSI ET LES ÉCOLOGISTES ENCOURAGENT.
CLAP CLAP
IL N'Y A QUE LES ÉLUS RN POUR GROGNER DANS LEUR COIN.
NOUS NE SOMMES PAS DES SABOTEURS DE LA RÉPUBLIQUE !!
LA RÉPUBLIQUE A BESOIN D'UNE LOGIQUE DIFFÉRENCIÉE AU PLUS PRÈS DU LOCAL.

* ÉLECTIONS PRÉSIDENTIELLES D'AVRIL 2022 ET LÉGISLATIVES DE JUIN 2022

AUJOURD'HUI, NOUS DISONS "OUI" ! OUI À LA DÉCENTRALISATION, OUI À LA DÉCONCENTRATION, OUI À LA DIFFÉRENCIATION.
"OUI" À CE SUPPLÉMENT D'ÂME D'UNE BRETAGNE À CINQ !
ÇA Y EST. ARTICLE ENVOYÉ.
T'EN ES OÙ ?
DEUX P'TITES MINUTES ENCORE...
PLACE DES LICES RENNES
SINCÈREMENT, T'EN PENSES QUOI DE CE VOEU ?
C'EST UN COUP DE PRESSION. LE MINISTRE DE L'INTÉRIEUR A ÉVOQUÉ UNE POSSIBLE AUTONOMIE POUR LA CORSE CES DERNIERS JOURS.
CE VOEU PERMET AUSSI DE REMETTRE LE SUJET DE LA RÉUNIFICATION DE LA BRETAGNE SUR LA TABLE À QUELQUES JOURS DE L'ÉLECTION PRÉSIDENTIELLE.
UN ÉNIÈME COUP DE PRESSION POUR UN ÉNIÈME COUP D'ÉPÉE DANS L'EAU ?
IL Y A QUELQUE TEMPS, CE VOEU M'AURAIT VALU UN COUP DE FIL DE TA PART : "BENJAMIN, BENJAMIN ! IL SE PASSE QUELQUE CHOSE !"

ÇA VA FAIRE DEUX ANS QUE NOUS PLANCHONS SUR LA RÉUNIFICATION DE LA BRETAGNE... PARFOIS, LES REBONDISSEMENTS DANS CE DOSSIER ME DONNENT UNE IMPRESSION DE DÉJÀ-VU...
NOUS AVONS PEUT-ÊTRE VÉCU UNE ÉTAPE VERS UNE BRETAGNE À CINQ...
OU ASSISTÉ À LA POSE D'UNE INSIGNIFIANTE ÉCAILLE SUR CE SERPENT DE MER.
PEUT-ÊTRE, L'AVENIR NOUS LE DIRA...
LES MILITANTS DE "À LA BRETONNE" PENSAIENT POUVOIR PROFITER DE LA CAMPAGNE PRÉSIDENTIELLE POUR OBTENIR DES GARANTIES DES CANDIDATS À L'ÉLECTION.
LE SCRUTIN A LIEU DANS QUELQUES JOURS ET...
... ET RIEN.
AVEC LA GUERRE EN UKRAINE, MACRON N'A PRATIQUEMENT PAS FAIT CAMPAGNE...
AUCUN SUJET N'A ÉMERGÉ... ALORS LA RÉUNIFICATION.
LES ÉLECTIONS LÉGISLATIVES DE JUIN SERONT PEUT-ÊTRE L'OCCASION DE RELANCER LE DÉBAT...

DÉPUTÉ PAUL MOLAC
LE CONSEIL RÉGIONAL DE BRETAGNE CONTINUE DE RÉCLAMER PLUS D'AUTONOMIE ET LA RÉINTÉGRATION DE LA LOIRE-ATLANTIQUE, Y CROYEZ-VOUS VRAIMENT ?
SI ON NE LE FAIT PAS, LE POUVOIR CENTRAL NOUS REPROCHERA DE NE PAS EN AVOIR FAIT LA DEMANDE.
NOS DEMANDES SONT INDISPENSABLES, MAIS INSUFFISANTES...
NOUS AURIONS BESOIN D'UN MOUVEMENT D'OPINION.
COMME CELUI DES BONNETS ROUGES QUI A DÉVIÉ DANS LA VIOLENCE...
J'AVAIS DE LA SYMPATHIE POUR LES BONNETS ROUGES OU LES GILETS JAUNES, CES MOUVEMENTS N'ONT PAS ÉTÉ BIEN GÉRÉS... AVEC LES GILETS JAUNES, EMMANUEL MACRON A TARDÉ À RÉPONDRE ET A FAIT DE LA PROVOCATION :
"VENEZ ME CHERCHER ! C'EST MOI LE SEUL RESPONSABLE !"

UN MOUVEMENT D'OPINION PERMETTRAIT-IL LA RÉUNIFICATION DE LA BRETAGNE ?
SI LES ÉLUS RÉCLAMENT SEULS DES AVANCÉES, NOUS NE LES OBTIENDRONS PAS.
AVEC LE SOUTIEN D'UN MOUVEMENT D'OPINION, NOUS PARVIENDRONS À OBTENIR UN VOTE.
SI LES HABITANTS DE LOIRE-ATLANTIQUE VOTENT, JE SUIS PERSUADÉ QU'ILS CHOISIRONT UN RETOUR EN BRETAGNE !
UN MOUVEMENT D'OPINION...
GAST !
UN MOUVEMENT D'OPINION !!!
?!
?!

LORSQUE J'AI INTERVIEWÉ PAUL MOLAC, IL M'A DIT QUE SEUL UN **MOUVEMENT D'OPINION** POUVAIT FAIRE AVANCER LE SUJET DE LA RÉUNIFICATION...
... JE CROIS QU'IL A RAISON.
UN MOUVEMENT D'OPINION ?
C'EST-À-DIRE ?
C'EST TOUTE LA QUESTION.
DANS LES ANNÉES 1970, **LE REVIVAL BRETON** A ÉTÉ PERMIS PAR UN BOUILLONNEMENT CULTUREL EMMENÉ PAR **ALAN STIVELL**, **TRI YANN** ET COMPAGNIE.
CETTE EFFERVESCENCE A ENTRETENU L'IDÉE DE LA RÉUNIFICATION DANS L'OPINION PUBLIQUE...
AUJOURD'HUI, **QUEL LOBBY EST SUFFISAMMENT FORT POUR DÉFENDRE CE SUJET ?**
HMM...
SI TOUS LES PATRONS BRETONS TAPAIENT DU POING SUR LA TABLE, ÇA AURAIT UN SACRÉ ÉCHO !!!
PAS SÛR.

COMMENT ÇA, PAS SÛR ?! LOÏC HÉNAFF CROIT À LA BRETAGNE À CINQ.
IL N'EST PAS LE SEUL PATRON...
ILS SONT TROP PEU NOMBREUX POUR IMPOSER LA RÉUNIFICATION COMME UN SUJET MAJEUR.
LE MONDE DE L'ENTREPRISE SE SENT D'AILLEURS PEU CONCERNÉ PAR CE DÉBAT...
ET CE DEPUIS LE FAMEUX CÉLIB !!!
IL SUFFIT DE LIRE L'HOMME FORT DE CE LOBBY POUR MIEUX COMPRENDRE.
AVENIR DE LA BRETAGNE
DE RENÉ PLEVEN.
CE LIVRE A ÉTÉ PUBLIÉ EN 1961. DÈS LES PREMIÈRES PAGES, PLEVEN ANNONCE :
"HISTORIQUEMENT, NANTES ET SON DÉPARTEMENT SONT BRETONS SANS CONTESTE."
AAAH !!!
MAIS NANTES A GRANDI, PROSPÉRÉ PLUS QU'AUCUNE AUTRE VILLE DE L'ANCIEN DUCHÉ. (...) L'ACTIVITÉ MARITIME ET INDUSTRIELLE DE NANTES LUI A FAIT PRENDRE AU COURS DES SIÈCLES ÉCOULÉS UNE ORIENTATION TOUJOURS PLUS NETTE.
L'ÉCONOMIE S'EST AFFRANCHIE DE L'HISTOIRE.
AVENIR DE LA B

CE N'EST PAS TOUT, PLEVEN DIT AUSSI :
" LE CÉLIB N'A PAS ENGLOBÉ LA LOIRE-ATLANTIQUE, ENCORE QUE LES ORGANISATIONS AGRICOLES, TOURISTIQUES ET ARTISANALES DE CE DÉPARTEMENT AIENT TENU, EN MÊME TEMPS QUE PLUSIEURS DE SES PARLEMENTAIRES, À LUI APPORTER LEUR ADHÉSION".
"CE N'EST PAS DIRE QUE LA BRETAGNE A ABANDONNÉ LA LOIRE-ATLANTIQUE OU QUE CELLE-CI L'A RÉPUDIÉE ...
... MAIS NANTES A ATTIRÉ LE VAL DE LOIRE, L'INDUSTRIE, LE COMMERCE, BREF L'ESPRIT D'ENTREPRISE NANTAIS A REMONTÉ LE FLEUVE ROYAL ET RAYONNÉ PAR SES AFFLUENTS.
LA DESTINÉE DE NANTES ET DE LA LOIRE-ATLANTIQUE NE SE CONFOND PAS AVEC CELLE DES AUTRES DÉPARTEMENTS BRETONS."
AH ... CE TEXTE RESSEMBLE À UNE CORDIALE ANNONCE DE DIVORCE ...

LORSQUE LE CÉLIB S'EST ÉTEINT, UN AUTRE LOBBY L'A REMPLACÉ À PARTIR DES ANNÉES 1980 :
LE CLUB DES TRENTE.
C'EST QUOI CE CLUB ?
LE CLUB DES TRENTE RASSEMBLE LES PATRONS BRETONS LES PLUS INFLUENTS.
CES BUSINESSMEN ÉTAIENT DÉCIDÉS À FAIRE ENTENDRE AUX DÉCIDEURS POLITIQUES LEUR CONCEPTION DE L'ÉCONOMIE BRETONNE ET DE L'IDENTITÉ RÉGIONALE POUR MIEUX DÉFENDRE LEURS INTÉRÊTS.
À L'ORIGINE, IL Y AVAIT : **YVES ROCHER** **DANIEL ROULLIER** (TIMAC) **JEAN-PIERRE LE ROCH** (INTERMARCHÉ) **LOUIS LE DUFF** (BRIOCHE DORÉE)
DES ENTREPRENEURS COMME **FRANÇOIS PINAULT** OU **VINCENT BOLLORÉ** FIGURENT AUSSI PARMI LES MEMBRES.

GROUPE	ACTIVITES PRINCIPALES	Ch. AFFAIRES	EFFECTIF dont BRETAGNE
	Armement à la pêche	300 MF	405
	4 secteurs industriels + 4 secteurs activités services	13,8 milliards	17 500 dont Bret. 590
	Produits laitiers	5 milliards (sans nouvelle acquisition)	2 300
BISCUITERIE NANTAISE Lionel COSSE	Biscuiterie	750 MF	900
	Production poulets et produits élaborés à base de poulet	2,4 milliards	2 400 Bret.Vendée 1 800
	…trition animale	1,2 milliard avec filiale: 2 milliards	200 avec filiale255
	…roduits alimentaires élaborés	110 MF	100
… LE CALVEZ	Transport, manutention, emballage	347 MF	983 tout en Bretagne
Groupe LE DUFF Louis LE-DUFF	Restauration, plats cuisinés, boulangerie, pâtisserie	750 MF	1 450
LEGRIS SA. Pierre LEGRIS	Circulation des fluides : bâtiment - industrie - levage - manutention	2,7 milliards	4 700 Bret. 450
ONNO Salaisons Mathurin ONNO	Charcuterie, salaisons, conserves de viande	490 MF	
PINAULT SA. François PINAULT	Importation, distribution bois, matériaux, panneaux meubles, menuiserie industrielle	7,7 milli…	
SOAF Jean-Joseph REGENT	Assainissement, sanitaire, matériaux	219 …	
Port Nantes/St Nazaire Joseph COURTEL	Exploitation maritime, trafic, dragage	316 M… avec sub État : 398 MF	
Laboratoires Y. ROCHER Yves ROCHER	Cosmétiques	4 milliar…	
TIMAC SA. Daniel ROULLIER	Agrofournitures Agroalimentaire	2,7 milliards	2 100 dont Bret. 750
S.D.R…	Ets financier	57 MF	49
	Charcuterie, salaisons, saladerie, plats cuisinés	325 MF	585
…ARC'H …MERSCH	Nutrition animale - produits alimentaires - industriels	6,8 milliards	6 091
…ALLYE …LE DOUARIN	Grande distribution	1,1 milliard	980 dont Bret. 800

LOUIS LE DUFF. C'EST LE FONDATEUR ET LE PATRON LE PLUS EMBLÉMATIQUE DE CE LOBBY.
LE DUFF, LE DUFF...
C'EST PAS LE FINISTÉRIEN QU'A FONDÉ LA BRIOCHE DORÉE À BREST ?
C'EST ÇA OUI.
BAH... J'AI ENTENDU DIRE QU'IL PARLAIT BRETON... ET IL N'ÉTAIT PAS POUR LA RÉUNIFICATION ?
JUSTEMENT, J'AI RENDEZ-VOUS AVEC LUI CE MIDI POUR DEJEUNER. JE LUI POSERAI LA QUESTION.
AAAH ! CACHOTTIER !
VOUS MANGEZ À LA BRIOCHE DORÉE ? J'PEUX VENIR ?!
HEUUU... NON. AU DERNIER ÉTAGE DE LA TOUR LE DUFF.
D'AILLEURS FAUT QUE JE FILE, JE NE VOUDRAIS PAS ÊTRE EN RETARD !
BOUDE PAS EUDES, JE TE RAPPORTERAI DES VIENNOISERIES !

LE DUFF

BONJOUR MONSIEUR LE DUFF !
BONJOUR MONSIEUR CRÉMANGE,
PASSONS À TABLE !
JE TRAVAILLE SUR LA RÉUNIFICATION DE LA BRETAGNE ...
SACHEZ QU'IL A FALLU PLUSIEURS GÉNÉRATIONS PAR LE LIT POUR QUE LA FRANCE AIT LA BRETAGNE.
CE N'EST PAS PAR LA GUERRE QUE LA BRETAGNE A PERDU ...
LA QUESTION PRINCIPALE AUJOURD'HUI, C'EST L'ÉCONOMIE !

LES FONDATEURS DU CLUB DES TRENTE ONT DÉFENDU LEUR ATTACHEMENT À LA BRETAGNE,
VOUS EN PARTICULIER.
POURQUOI NE PAS AVOIR USÉ DE L'INFLUENCE DE VOTRE LOBBY SUR LA QUESTION DE LA RÉUNIFICATION ?
LA GUERRE ÉCONOMIQUE EST MONDIALE.
IL FAUT DIX MILLIONS D'HABITANTS POUR PESER EN TERMES D'INFRASTRUCTURES...
...TOUT LE MONDE ÉTAIT D'ACCORD LÀ-DESSUS AU CLUB DES TRENTE.
ON PARLAIT ALORS DE LA BRETAGNE-ARMORIQUE...
TU PIGES ?
YOU PIGEZ ?

VOUS ÊTES DONC PARTISAN D'UN **GRAND OUEST**,
VOUS N'AVEZ PAS DIGÉRÉ LA NON-CONSTRUCTION DE L'AÉROPORT DE NOTRE-DAME-DES-LANDES ...
... UN ÉQUIPEMENT QUE LE CLUB DES TRENTE A TANT DÉFENDU ...
?
IL FAUT CHANGER DE MANIÈRE DE PENSER !
Brest
Rennes
Notre Dame des landes
Nantes
BREST, RENNES OU NANTES ...
... QUI SERA LA CAPITALE DE LA BRETAGNE ?
ON S'EN FICHE !!
REGARDE LE TEXAS : HOUSTON, DALLAS OU SAN ANTONIO NE SE DISPUTENT PAS LE STATUT DE CAPITALE RÉGIONALE ... **CES MÉTROPOLES COHABITENT ET PROSPÈRENT ENSEMBLE** GRÂCE À LEURS ÉQUIPEMENTS STRUCTURANTS,
C'EST ÇA L'AVENIR !!

NOUS ALLONS VIVRE CE MATCH EN COMPAGNIE DE COACH COURBIS ET WALID ACHERCHOUR, BONJOUR MESSIEURS !
SALUT LES AMIS !
BONJOUR !
COACH, UN PRONOSTIC POUR CE DERBY ENTRE RENNES ET NANTES ?
?!
CE DERBY EST TOUJOURS TRÈS DISPUTÉ, JE PENSE QU'IL Y AURA DES BUTS !
ET LE COUP D'ENVOI EST DONNÉ !
2015
ROAZHON PARK
ROAZHON PARK, C'EST QUAND MÊME MIEUX QUE STADE DE LA ROUTE DE LORIENT !
OUI, ÇA SONNE BIEN MAIS... ON PARLAIT GALLO À RENNES, PAS BRETON...
PAS GRAVE ! C'EST BIEN POUR LE CLUB DE LA CAPITALE !

STADE DE FRANCE - FINALES DE COUPE DE FRANCE
RENNES / GUINGAMP - 2009 - 2014
STADE DU MOUSTOIR - 2016
DERBY LORIENT / RENNES
OOO BREIZH MA BROOOO ME'GAR MA BROOO !!!!
STADE DE LA BEAUJOIRE - 2019
DERBY NANTES / RENNES
NAONED, NAONED, NANTES, C'EST LA BRETAGNE !!!
TRIBUNE LOIRE

STADE DE LA RABINE
2019 - VANNES
SIGNATURE DE LA CHARTE DES DERBYS BRETONS PAR LES REPRÉSENTANTS DES CLUBS DE FOOTBALL PROFESSIONNEL BRETON (BREST, RENNES, LORIENT, GUINGAMP) RC VANNES (RUGBY))
DÉSORMAIS, LE BRO GOZH MA ZADOÙ SERA CHANTÉ AVANT TOUS LES DERBYS BRETONS OPPOSANT RENNES, BREST, LORIENT, GUINGAMP ET NANTES.
DES GWENN-HA-DU SERONT AUSSI DISTRIBUÉS ...
PRÉSIDENT DE LA RÉGION BRETAGNE
ALLÔ, MONSIEUR LE TOUZE ? ... BONJOUR ! BENJAMIN KELTZ À L'APPAREIL, JE SUIS JOURNALISTE ET J'ENQUÊTE SUR LA RÉUNIFICATION DE LA BRETAGNE ...
AURIEZ-VOUS QUELQUES MINUTES À M'ACCORDER ?

LE FC NANTES AURAIT DÛ ÊTRE PRÉSENT LE JOUR DE LA SIGNATURE.
POUR QUELLES RAISONS ?
JACQUES-YVES LE TOUZE, PRÉSIDENT DU COMITÉ BRO GOZH
DIX MINUTES AVANT LA PRÉSENTATION OFFICIELLE DE NOTRE CHARTE, J'AI REÇU UN APPEL DU CLUB POUR M'ANNONCER SON DÉSISTEMENT...
LE SUJET ÉTAIT...
...TROP POLITIQUE.
CERTAINS ÉLUS ONT FAIT PRESSION SUR LE CLUB POUR QU'IL NE SIGNE PAS LA CHARTE.
QUI ?!
LE CABINET DE LA PRÉSIDENTE DE LA RÉGION PAYS DE LA LOIRE A FAIT PASSER DES MESSAGES.
CES GENS SONT TELLEMENT PEU SÛRS DE LA SOLIDITÉ DE LEUR COLLECTIVITÉ QU'ILS ONT TREMBLÉ FACE À LA PUISSANCE DU FOOTBALL.
LE SPORT EST UN LEVIER PUISSANT CAPABLE DE FAIRE AVANCER DES DOSSIERS COMME CELUI DE LA RÉUNIFICATION.

ALORS ?
UN LOBBYING DES CLUBS DE FOOTBALL EN FAVEUR D'UNE BRETAGNE À CINQ POURRAIT TOUT CHANGER.
RAAAH !!!
... CES INSTITUTIONS SONT DES MACHINES À ÉMOTIONS TELLEMENT INFLUENTES...
ET VOILA, ÉGALISATION DES CANARIS AU BOUT DU TEMPS ADDITIONNEL !
EN BRETAGNE, LE FOOTBALL EST PRESQUE **UNE RELIGION**.
DES MILLIONS D'HABITANTS SUPPORTENT UNE ÉQUIPE, S'IDENTIFIENT À LEUR CLUB ET À SES VALEURS.
JUSQU'À PRÉSENT, CES INSTITUTIONS REVENDIQUENT LEUR IDENTITÉ BRETONNE ET RECONNAISSENT NANTES COMME UNE VILLE BRETONNE.

AUCUNE NE S'EST CEPENDANT POSITIONNÉE FRANCHEMENT SUR LE DÉBAT DE LA FRONTIÈRE,
ELLES ONT POURTANT UNE RESPONSABILITÉ,
COMMENT ÇA ?
MOI, JE SUIS SUPPORTER DU STADE RENNAIS, NOMBRE DE MORDUS DES ROUGE ET NOIR REFUSENT DE CONSIDÉRER NANTES COMME UNE VILLE BRETONNE...
POURQUOI ?
... À CAUSE DE LEURS INIMITIÉS FOOTBALLISTIQUES.
IL FAUT VRAIMENT QUE J'OBTIENNE L'AVIS DES CLUBS SUR LA RÉUNIFICATION !
UN AUTRE DERBY ? CE COUP-CI JE PRENDS LORIENT.
ALLEZ !
JE LES AIME BIEN, LES MERLUS !

La frontière bretonne
Philippe, Eudes...
Toujours pas de réponse des clubs... La réunification ne semble pas être leur sujet...
Philippe
Eudes

QUELQUES JOURS PLUS TARD... LE 19 JUIN 2022 À CHÂTEAULIN
MONSIEUR FERRAND !
M'SIEUR FERRAND !
ATTENDEZ !
MONSIEUR FERRAND S'IL VOUS PLAÎT !
MONSIEUR FERRAND !
... C'EST MOI QUI COMMENCE ET QUI FINIS.
J'AI PRIS ACTE DES RÉSULTATS INDIQUANT QUE LES ÉLECTEURS ET ÉLECTRICES DE LA 6e CIRCONSCRIPTION DU FINISTÈRE ONT CHOISI D'ÉLIRE DÉPUTÉE MA CONCURRENTE...
OUI, ALLÔ, C'EST BENJAMIN EN BRETAGNE...
... LE PRÉSIDENT DE L'ASSEMBLÉE NATIONALE VIENT DE RECONNAÎTRE SA DÉFAITE AUX LÉGISLATIVES CONTRE UNE NOVICE SOCIALISTE...
UMM, UMM... OK. JE VOUS ENVOIE MON ARTICLE D'ICI DEUX HEURES.

BZZZ !! BZZZ !!
?
OUI BENJAMIN...
T'AS VU RICHARD FERRAND ?...
BATTU.
ÇA DONNE QUOI AILLEURS ?
À RENNES, FLORIAN BACHELIER, L'AUTRE TAULIER DE LA MACRONIE BRETONNE, A AUSSI CHUTÉ. CEPENDANT, LA PLUPART DES DÉPUTÉS DE LA MAJORITÉ PRÉSIDENTIELLE ONT ÉTÉ RÉÉLUS.
ON OBSERVE UN RETOUR DE LA GAUCHE SUR L'AXE RENNES-NANTES.
LA DROITE CONSERVE QUELQUES FIEFS.
LE RÉGIONALISTE PAUL MOLAC GAGNE FACILEMENT À PLOËRMEL...
CES RÉSULTATS AURONT-ILS UN IMPACT SUR LA DÉLIMITATION DE LA BRETAGNE ?
J'EN DOUTE.
MOINS DE LA MOITIÉ DES DÉPUTÉS ÉLUS SE SONT EXPRIMÉS EN FAVEUR D'UNE CONSULTATION POPULAIRE SUR LE SUJET...
?!

PSSSIIIT! PHIL!
S'CUSE MOI DEUX SECONDES BENJAMIN...
?
T'AS VU ÇA ?!
BENJAMIN? T'ES TOUJOURS LÀ? OUI? BON... DIS-MOI, T'ES DOUÉ AU PALET SUR PLANCHE EN BOIS, TOI, NON ?
EUH... OUI.
ENFIN, J'AI UN P'TIT NIVEAU, QUOI.
DITES, FAUT QUE JE VOUS LAISSE...
...J'AI UN PAPIER À ECRIRE.
À PLUS!
ALORS, ON L'INSCRIT?
BANCO! LES JEUX DE BRETAGNE, ÇA NE SE RATE PAS!

3 JUILLET 2022 - 1re ÉDITION DES JEUX DE BRETAGNE - NANTES
COURS DES 50-OTAGES
C'EST CHOUETTE ! BELLE AMBIANCE !
CONSEIL DÉPARTEMENTAL
CETTE MANIFESTATION EST TRÈS SYMBOLIQUE, LES ORGANISATEURS CHERCHENT À RAVIVER LE SENTIMENT BRETON À NANTES...
CHÂTEAU DES DUCS DE BRETAGNE
100 000 PERSONNES SONT ATTENDUES SUR LES DIX JOURS DE FESTIVITÉ !

FLORIAN LE TEUFF
C'EST NOTRE INTERCELTIQUE À NOUS !!!
J'AI DU MAL À CACHER MON ÉMOTION !!
COMMENT ANALYSEZ-VOUS L'ABSENCE DE LOÏG CHESNAIS-GIRARD, PRÉSIDENT DE LA RÉGION BRETAGNE, ET DE LA MAIRE DE NANTES, JOHANNA ROLLAND ?
LEURS COLLECTIVITÉS ONT SOUTENU L'ÉVÉNEMENT À HAUTEUR DE 30 000 €, PEUT-ÊTRE VIENDRONT-ILS L'ANNÉE PROCHAINE...
POUR LES AFFAIRES BRETONNES EN LOIRE-ATLANTIQUE, IL FAUT SANS CESSE SE BAGARRER...
... MAIS VOILÀ LA PREUVE QU'IL EST POSSIBLE D'AGIR ET DE REMPORTER DES VICTOIRES !

IL S'AGIT D'UNE VICTOIRE "AFFECTIVE"...
... QU'EN EST-IL DE LA DÉMONSTRATION SCIENTIFIQUE DE L'INTÉRÊT POUR LA RÉUNIFICATION DE LA LOIRE-ATLANTIQUE ET DES AUTRES DÉPARTEMENTS BRETONS ?
ON ATTEND LES ÉTUDES D'IMPACT...
QUAND VONT-ELLES ÊTRE FINANCÉES ?
BIENTÔT JE L'ESPÈRE !
JE COMPTE MENER DES DÉBATS PUBLICS À PARTIR DE CES ÉTUDES D'IMPACT AVANT QUE LA POPULATION SOIT CONSULTÉE EN 2024.
J'Y CROIS !!
VRAIMENT ?
QUOI QU'IL ARRIVE, LE COMBAT NE S'ARRÊTERA JAMAIS !!

PLUS TARD...
GNIIIII!!!
CONCOURS DE LEVER DE BOTTE DE PAILLE
VAS-Y EUDES!!! T'Y ES PRESQUE!!!
ALLEZ EUDES!!!
GNIIII!!!
BON, ET TOI, T'ES EN FORME ?
EUH, OUI... POURQUOI ?
PARCE QU'AVEC EUDES, ON T'A INSCRIT AU CONCOURS INTERNATIONAL DE PALET SUR PLANCHE EN BOIS !
?!!
JE TE PRÉSENTE JEAN-PAUL, CHAMPION DU MONDE, THIERRY ET DIDIER, CHAMPIONS DE FRANCE EN DOUBLETTE.
EUH... SALUT... BENJAMIN... ENCHANTÉ...
SALUT.
SALUT.
SALUT.

AAAH ! T'ES LÀ !! PFFFOUU... JE TE CHERCHAIS... PFFFOUUU...
J'ALLAIS COMMANDER, TU VEUX BOIRE QUELQUE CHOSE ?
OK MAIS... VITE FAIT ALORS ! JE T'AI INSCRIT AU TOURNOI DE GOUREN.
DE GOUREN ? C'EST QUOI ÇA ?
C'EST DE LA LUTTE BRETONNE PHIL !! JE SUIS PERSUADÉ QUE T'ES TAILLÉ POUR ÇA !!!
FAÑCH, ENCHANTÉ.
MOI, C'EST PHILIPPE. MAIS IL Y A UN LÉGER MALENTENDU, JE CROIS. JE... SUIS JOURNALISTE. JE TRAVAILLE SUR LA RÉUNIFICATION DE LA BRETAGNE...
ÇA... VOUS PARLE ?

Ce livre doit beaucoup à la bibliographie suivante :

Livres et revues

Nantes en Bretagne ?, Skol Vreizh, Dominique Le Page, 2014.

L'Histoire de la Bretagne illustrée pour les nuls, First, Joël Cornette, 2022.

Histoire populaire de la Bretagne, PUR, Alain Croix, Thierry Guidet, Gwenaël Guillaume et Didier Guyvarc'h, 2019.

Chroniques bretonnes, Presses populaires de Bretagne, Morvan Lebesque, texte de 1968-1968.

Dictionnaire du patrimoine breton, PUR, sous la direction d'Alain Croix et de Jean-Yves Veillard, 2013.

"Nantes est-elle bretonne ?", *Place publique Nantes* 10 et 11, Alain Croix, 2008.

Comment peut-on être breton ? Essai sur la démocratie française, Seuil, Morvan Lebesque, 1970.

La Bretagne sous le gouvernement de Vichy, Éditions France-Empire, Hervé Le Boterf, 1982.

L'Hermine et la croix gammée, Éditions Apogée, Georges Cadiou, 2006.

Avenir de la Bretagne, Calmann-Lévy, René Pleven, 1961.

La Bretagne réunifiée, Les Portes du large, Joseph Martray et Jean Ollivro, 2002.

Le Phénomène Le Drian, enquête sur le plus influent des Bretons, Éditions du coin de la rue, Benjamin Keltz et Nicolas Legendre, 2016.

Le mystérieux club des Trente, Éditions du coin de la rue, Philippe Créhange, 2019.

Réunifier la Bretagne ?, Skol Vreizh, sous la direction d'Yves Lebahy et de Gaël Briand, 2015.

Archives secrètes de Bretagne, Ouest-France, Henri Fréville, *1985*.

Anne de Bretagne, duchesse et reine de France, Pluriel, Claire L'Hoër, 2022.

Décentralisation et régionalisation, la grande affaire, Calmann-Lévy, Michel Phlipponneau, 1981.

Le Dossier FLB, plongée chez les clandestins bretons, Coop Breizh, Erwan Chartier et Alain Cabon, 2006.

L'Unité bretonne, Le Temps éditeur, Jean Ollivro, 2014.

Documentaires

Berlin-Vichy-Bretagne, réalisation Hubert Béasse, 2011.

FLB (2 x 52'), Vivement lundi !, réalisation Hubert Béasse, 2013.

Mon père, ce Ayrault, Un monde meilleur/ France 3, Elise Ayrault.

Documents

"Pierre Mauroy ou la passion de la décentralisation", Institut Pierre Mauroy, 2016.

"Idéal et pratique du régionalisme dans le régime de Vichy", *Revue française de science politique*, Pierre Barral, 1974.

"Les commissions de développement économique régional : composition, bilan et perspectives. L'exemple des Pays-de-la-Loire", Revue française de science politique, Jean-Luc Bodiguel, 1966.

"Le mouvement breton au miroir de son historiographie", Annales de Bretagne et des Pays de l'Ouest, Sébastien Carney, 2016.

Archives de Patrick Mareschal et de Serge Antoine.

Revue de presse issue de *L'Ouest-Éclair*, *Ouest-France*, *Le Télégramme*, *Presse Océan*, *Le Monde*, *Paris Match*, *Bretons*, *Le Peuple breton*...

Remerciements :

Benjamin Keltz :

Je tiens à remercier mes coauteurs, Philippe Créhange et Eudes pour leur persévérance durant ce travail sous Covid. Un grand merci à David Yven, maquettiste de luxe pour sa patience et sa bienveillance. Je tiens à saluer le minutieux travail de relecture de Nathalie Perrot. Je remercie aussi ma famille et particulièrement, Romain Keltz, chargé d'accompagner la sortie de cet ouvrage auprès des libraires.

Philippe Créhange :

Comme aux César, j'adresse un grand merci à l'ensemble des interlocuteurs ayant bien voulu répondre à mes sollicitations. Je salue les Bretonnes et Bretons, connus et moins connus, car sans eux, cette longue et grande histoire bretonne n'aurait tout simplement pas pu s'écrire. Je remercie mon éditeur préféré et coauteur, Benjamin pour sa confiance et (parfois) son humour ainsi que Eudes pour son travail. Je remercie enfin mon épouse, mes enfants, mes parents et mes beaux-parents parce que la famille, c'est sacré. Voilà, c'est fait comme aux César.

Eudes :

Je vais procéder efficacement. Tout simplement merci à ma famille et à mes amis pour leur soutien et leurs encouragements.

Les éditions du
Coin de la rue

7 place François-Barbu
22 490 Langrolay-sur-Rance
06 37 30 05 62
benjamin@editionsducoindelarue.fr
www.editionsducoindelarue.com

Création graphique : David Yven
Relecture : Nathalie Perrot
Dépot légal : octobre 2022
Deuxième édition.
Imprimé en janvier 2023 par Dupliprint à Mayenne (53)
ISBN 979-10-96883-15-8